Demain, j'arrête la came !

Sophie DAOÛT

DEMAIN J'ARRÊTE LA CAME !

Christine... comme une étoile

FRANCE LOISIRS
123, boulevard de Grenelle, Paris

Une édition du Club France Loisirs, Paris
réalisée avec l'autorisation des la Librairie Arthème Fayard

ISBN: 2-7441-1171-6

Un grand merci à Dolorès, sans laquelle je n'aurais pas pu écrire ce livre que je dédie à son véritable auteur : Christine, sa fille.

À Maguy T., qui m'a donné le courage de continuer.

À mon « comité de lecture », composé de Gaby, Dany, Françoise, Jean-Louis, Nadège et surtout Élisabeth et Maguy T. avec un grand merci pour leurs critiques si constructives !

À mes grands amis Claudine et Jacques, à Maguy A., à Simone, à Josseline, et à tous ceux qui, comme Dolorès, ont eu à souffrir de l'immense chagrin dont on ne se remet jamais vraiment, celui de la mort d'un enfant...

PROLOGUE

Aujourd'hui, je m'appelle Dolorès

Oui, je m'appelle Sophie, bien sûr. Mais je porte aussi parfois un autre prénom, pour quelques minutes ou pour plusieurs semaines, le vôtre, femmes qui m'avez envoyé des lettres des quatre coins de la France après la parution de mon livre *Lâche ta drogue... et tiens bon !* Je l'ai écrit il y a quelques années, poussée par la nécessité impérieuse de témoigner : je commençais alors seulement à sortir du trou profond de la dépression dans laquelle m'avaient plongée la découverte de la toxicomanie de mon fils Ludovic et les événements dramatiques qui en avaient découlé.

Beaucoup de femmes se sont reconnues dans mon témoignage et se sont confiées à moi, me demandant parfois des conseils. C'est ainsi que j'ai eu la joie de recevoir les lettres de ces amies inconnues, dont j'emprunte parfois le prénom, le temps de partager leur souffrance...

Ainsi, je me reconnais en toi, Katy, qui comme moi avais refusé de donner ton adresse à ta fille toxicomane pour ne pas être entraînée avec elle dans les désordres de sa vie de paumée.

Parfois je suis Nadia, comme ma douce correspondante

parisienne qui dit « avoir tout pour être heureuse, un mari et un fils extraordinaire », mais dont l'équilibre fluctue au rythme des incartades de son drogué de frère.

Je m'appelle souvent Maguy, comme toi, mon amie depuis plus de dix ans, qui portes aujourd'hui le deuil de ta fille : elle nous a quittés en 1995, dégoûtée d'être devenue incapable d'élever son petit garçon de dix-huit mois et écœurée d'elle-même quand l'héroïne l'obligeait à se prostituer pour une dose.

J'ai beaucoup pleuré en vous lisant, madame, vous qui êtes la mère de l'un de mes élèves et qui m'avez demandé de taire votre nom. Vous m'avez un jour envoyé une lettre très belle, et très émouvante aussi, dans laquelle vous clamiez votre haine contre la drogue qui vous a volé votre merveilleux amour !

Parfois c'est vous qui vous êtes identifiée à moi, « vous qui semblez autre moi-même », comme le dit si bien Louis Aragon. Vous m'avez écrit : « Après la lecture de votre livre, j'avais envie de vous serrer dans mes bras et de vous dire : je vous aime. »

Vous lire et vous entendre m'ont été d'un bien grand réconfort, et j'espère seulement vous avoir été « un peu utile » moi aussi !

Vous vous êtes donc parfois aussi appelée Sophie, comme moi, lorsque vous avez rencontré ma souffrance. Elle a le visage de la vôtre. Vous êtes la sœur, la compagne ou plus souvent la mère d'un jeune entré en drogue comme mon fils Ludovic. Vous avez marché sur les mêmes chemins que moi, remplis d'ornières et bordés de précipices. Vous êtes tombée et vous vous êtes relevée. Comme moi ! Et vous avez eu un jour envie de tout abandonner, vous en aviez assez de combattre, vous étiez trop lasse et vous souhaitiez vous reposer un peu. Votre fatigue était telle que vous a effleurée peut-être l'idée d'en finir une bonne fois pour toutes avec une vie devenue trop difficile à assumer. Comme moi !

Vous êtes parfois tombée malade. Comme Betty, mon amie de Carcassonne qui m'envoie de si jolies cartes postales, vous avez développé un cancer, que vous avez soigné et parfois guéri et qui, parfois encore, a récidivé ailleurs. Ou bien encore vous êtes entrée dans une dépression terrible qui vous a obligée à vous occuper de vous à coups de calmants, d'euphorisants et de somnifères. Vous vous êtes terrée comme une bête, vous n'avez plus voulu voir personne. Vous avez pris le deuil de votre vie. Comme moi !

Pour certaines d'entre vous, le jeune que vous aimez s'en est sorti, chacun à sa façon. Et alors vous me donnez des conseils. Ainsi toi Janine, tu ne jures que par « Le Patriarche ». C'est grâce à cette association, me dis-tu, que ton fils a retrouvé sa dignité.

Et vous madame, vous, que j'ai rencontrée par hasard dans l'exercice de mon métier de conseillère d'orientation, un jour où vous aviez accompagné dans mon bureau une jeune fille de quatorze ans, élève de troisième, dont vous êtes la charmante jeune grand-mère. Hors de la présence de l'enfant, vous m'avez parlé de son père, votre fils, qui, après avoir passé plus de dix ans dans l'héroïne, est actuellement élève dans une école d'infirmiers, à trente ans passés. Il a été sauvé par l'amour d'une femme. Vous m'avez raconté la violence dans votre famille. Je vous écoutais et je vous comprenais bien, si bien ! Vous m'avez dit la loque qu'était devenu votre garçon et vous l'avez comparé à l'homme qu'il est aujourd'hui et vous m'avez fait, sans le savoir, un somptueux cadeau, car vous m'avez confortée dans ce que je ne cesse de répéter inlassablement : « Mon fils Ludovic s'en sortira, je le sais ! »

Janine donc, et vous madame, et encore peut-être toi... toi qui ? Je cherche et malheureusement je ne trouve pas beaucoup d'exemples de jeunes qui se soient réellement sortis de la drogue. En général, c'est plus grave. Ludovic, mon fils, est plein de plaies et de bosses à l'âme. Il souffre beaucoup. Il est extrêmement gentil et me fait parfois de beaux cadeaux. Ainsi, au mois de mai, il m'a téléphoné pour me remercier de son enfance, lui qui disait jusqu'ici avoir tout oublié de ces jours heureux. « Tu sais, m'a-t-il dit, les années de Maurepas sont les plus belles de ma vie. »

Et il a tenu à répéter cela à Clément, son beau-père. Ah merci, merci Ludo, c'est merveilleux pour moi qui ai si longtemps vécu dans la culpabilité, moi qui ai tant cherché la réponse à la question : « Mais qu'ai-je donc fait pour que mon fils en soit arrivé là ? À quel moment me suis-je trompée ? »

Jusqu'à ce que je comprenne enfin que mon rôle n'est pas celui que je m'octroyais, et que de toute façon le problème n'est plus là ; il faut penser à ICI ET MAINTENANT et répondre à la seule vraie question : « Que pouvons-nous faire pour lui, ou plutôt comment pouvons-nous l'aimer pour l'aider ? »

Car « aimer » est bien la question essentielle, et la vie m'a amenée à réviser ma définition de l'amour.

Parfois, le plus souvent hélas, le jeune ne revient pas de son voyage. Il a tenté le retour, il a essayé de sortir de la drogue, mais elle a été la plus forte. Elle l'a repris et, un jour, gardé définitivement.

Au marbre de la stèle de mon monument aux morts par la drogue, j'inscris leurs noms, et la liste s'allonge. Ils étaient jeunes et ils étaient beaux, souvent intelligents. Et ils nous ont quittés, n'ayant pas réussi à sortir de leur enfer. Ils ont souffert comme personne. Ils sont parfois tombés si bas qu'ils se sont détestés pour ce qu'ils voyaient d'eux-mêmes. Ils ont menti, volé, triché, trahi. Ils ont perdu leur dignité. Ils se sont soumis comme des esclaves. (J'en connais qui ont rampé au sol, comme ferait une bête, pour obtenir la dose qu'un dealer sadique leur présentait à distance !) Souvent aussi ils ont connu la prison, l'hôpital psychiatrique. Ils ont espéré à nouveau, à nouveau cru en la vie. Ils sont retombés et se sont méprisés de faire autant souffrir ceux qu'ils aimaient. Ils ont à nouveau recherché le délire, l'extase, le plaisir intense et le bonheur illusoire et fugace que leur laissait entrevoir la menteuse. Menteuse, la drogue, car elle leur a fait croire que ce bonheur durerait. Et quand ils sont revenus de leur voyage, quand ils ont retrouvé la vraie vie, ils ne l'ont pas supportée. Tricheuse, la drogue ! Et voleuse aussi, ogresse dévoreuse, mangeuse de jeunes gens pleins de promesses !

Et moi, Sophie, je porte le nom de leurs compagnes, de leurs sœurs, de leurs mères ! Et depuis le 11 mai 1995, je porte aussi votre prénom, madame, vous dont j'ignorais auparavant jusqu'à l'existence ! Mais ce jour-là, le téléphone a sonné. Vous vouliez me parler, m'avez-vous dit.

Aujourd'hui, je m'appelle aussi Dolorès !

Dolorès !

Avoir un prénom pareil, c'est de la prédestination ! Dolorès, Maria Dolorès, la mère des sept douleurs... Que va lui réserver la vie ?

Tout d'abord la beauté. Très brune, très mince, très typée, avec une crinière de lionne, c'est ainsi que Dolorès m'est apparue pour la première fois en mai 1995, quand sa fille Christine l'a « conduite » jusque dans mon bureau. Il faut dire qu'elle sait y faire, et qu'elle nous a bien manipulées, la petite sorcière de charme !

Dès le jour de sa rencontre avec moi, le 17 novembre 1993, Christine m'avait fait savoir qu'elle aimerait beaucoup que je fasse la connaissance de sa mère. Dix-huit mois après, c'est chose faite, Christine ! Où que tu sois, j'espère que tu es contente ! Mais jamais tu ne pourras nous le dire, parce que tu es morte d'une overdose le 21 novembre 1993, quatre jours après notre seul et unique entretien. Tu venais de fêter ton vingt et unième anniversaire. Car la vie a réservé à Dolorès l'une des pires « douleurs », celle de perdre son enfant.

« Je serai célèbre à trente ans, maman, avait promis Christine à sa mère. J'écrirai et tu seras fière de moi. »

Ce livre sera donc le tien, et c'est avec joie que je t'en fais cadeau !

La rencontre

J'en ai tant vu qui s'en allèrent
Ils ne demandaient que du feu
Ils se contentaient de si peu
Ils avaient si peu de colère
J'entends leurs pas j'entends leurs voix
Qui disent des choses banales
Comme on en lit sur le journal
Comme on en dit le soir chez soi
Ce qu'on fait de vous hommes femmes
Ô pierre tendre tôt usée
Et vos apparences brisées
Vous regarder m'arrache l'âme

Louis Aragon

Je me souviens parfaitement bien de ma rencontre avec Christine. Pourquoi ? Je n'en sais rien.

Dans le cadre de ma profession, il m'arrive souvent d'avoir des interlocuteurs qui me charment et m'émeuvent, mais j'en garde rarement un souvenir aussi précis. J'ai la chance d'exercer le merveilleux métier de conseillère d'orientation-psychologue. Mon rôle consiste à rencontrer les élèves de mon secteur scolaire (et leurs parents) et à les aider à construire un projet scolaire et / ou professionnel cohérent. J'ai ainsi en charge deux collèges. Mais mes collègues et moi accueillons aussi à tour de rôle, sous la forme d'une permanence au Centre d'information et d'orientation, tout public désireux de s'entretenir avec un professionnel de ce type de problème. C'est ainsi qu'il nous est souvent donné d'avoir des entretiens avec des adultes. Et c'est dans le cadre de l'une de mes permanences que Christine a pris rendez-vous avec moi. Je n'en ai retrouvé la date exacte que grâce à la mémoire infaillible et à la précision implacable de l'agenda du CIO.

C'était donc le mercredi 17 novembre 1993 à seize

heures. Christine est entrée dans le Centre d'information et d'orientation. Elle semblait en pleine forme, elle était pleine de projets. Moi, j'étais confuse car je venais de fumer la cigarette de la détente dans mon bureau. Aussi lui ai-je proposé de la recevoir dans celui, beau et clair, d'une collègue.

Christine m'inspirait de la sympathie, et ce devait être réciproque, car elle exprima sa joie à plusieurs reprises au cours de l'entretien : « C'est vraiment mon jour de chance aujourd'hui, me répétait-elle, il a fallu que je tombe sur vous ! »

De mon côté, je me disais que j'avais moi aussi de la chance de l'avoir en face de moi, si jolie et si pleine de vie !

Très vite, elle m'avait dévoilé ses projets ; elle souhaitait faire carrière dans le milieu du cinéma, et elle désirait connaître des adresses d'écoles, car elle avait beaucoup réfléchi et elle voulait faire les choses sérieusement. Elle m'avoua même avoir écrit un scénario de film ! Elle attendait de moi une information très complète. J'étais assez intriguée car je la sentais déjà très bien documentée. Je la fis parler d'elle, de son passé, de ses études antérieures. Elle devint tout à coup plus évasive.

Elle avait quitté l'école assez tôt, me dit-elle, mais avec l'aide de sa mère elle avait travaillé d'arrache-pied et en quelques mois avait refait le programme de trois années d'études. Elle venait d'être admise en classe de seconde par le Centre national d'enseignement à distance, après avoir réussi un test. Je l'interrogeai un peu sur les circonstances et les raisons de l'interruption de sa scolarité mais je la sentis tout à coup se rétracter, se refermer... Je n'insistai pas.

« Je suis ici, dans le Midi, parce que j'ai été malade, et je suis actuellement en convalescence. Mais maintenant tout va mieux ! Je me refais une santé, je travaille, j'ai mon appartcment, je viens même d'avoir le téléphone, et je n'en connais encore pas le numéro par cœur ! C'est super, pour moi, en ce moment : tout baigne ! »

Puis elle se tut.

Je repris alors l'entretien professionnel mais il me semblait qu'elle s'était éloignée. Et puis, alors que je ne lui posais plus aucune question personnelle, elle m'interrompit au beau milieu d'une phrase et me jeta d'un ton un peu provocant : « J'étais dans la drogue ! Mais, ajouta-t-elle en me regardant droit dans les yeux, j'en suis sortie ! »

C'était donc ça !

En moi-même, je soupirai : « Ah bon ! Toi aussi ! » et j'ajoutai : « Allez, viens, et tant pis pour l'odeur de la cigarette, allons chez moi ! »

Christine parut étonnée, mais elle me suivit sans rien dire. Accrochée au mur de mon bureau, il y a une belle affiche représentant un jeune, prostré sur une chaise, dans une attitude de profonde détresse. C'est, agrandie, l'image de la couverture de mon livre et le titre y figure également. Christine leva les yeux et lut tout haut : « Lâche ta drogue... et tiens bon ! » Elle sourit : « Ça tombe bien ! » dit-elle. Nous nous étions comprises sans rien nous dire et nous allions enfin pouvoir communiquer sans barrières !

« Ah ! lui dis-je, tu vois, la drogue je la connais moi aussi, hélas ! Je la connais parce que l'un de mes fils, Ludovic, est dedans. Mais lui n'en est pas encore au stade où tu en es, et je le regrette ! Ce que tu me dis de toi me fait tellement plaisir que, pour fêter cela, je vais te faire un cadeau ! Je vais t'offrir mon livre, et je vais même te le dédicacer. »

Je sortis un exemplaire de mon tiroir et j'écrivis :

Pour Christine, pour son regard, pour son sourire, pour sa joie de vivre.

L'auteur : Sophie Daoût

Christine lut en silence, sourit et me dit :

« Merci, merci beaucoup. Je vais lire votre livre, madame, et puis je le passerai à ma mère. Merci aussi de m'avoir écoutée, j'avais besoin de parler à quelqu'un... Me permettez-vous de vous donner mon numéro de téléphone ? J'aimerais bien vous appeler moi aussi de temps en temps... Et je voudrais vous présenter ma mère ! »

Je notai le numéro sur mon agenda et je raccompagnai Christine.

Le temps passa, et elle ne me donna plus de nouvelles.

Deux mois plus tard environ, je composai sur mon téléphone le numéro qu'elle m'avait donné. Un disque me répondit : « Le numéro que vous avez demandé n'est plus attribué... » Je raccrochai en pensant : « Christine est ailleurs, j'espère qu'elle va bien. Pour le moment, elle n'a pas le temps de penser à moi mais elle fera signe un jour ou l'autre ! »

Interrogé, le Minitel refusa de m'en dire davantage. Allez, va, ma belle, tiens bon et sois heureuse !

Un jour, par le plus grand des hasards (mais le hasard existe-t-il ?), j'eus à répondre pour Clément, mon mari, à une lettre administrative qui portait en toutes lettres le nom de Christine ! Tiens donc, te revoilà ! Tu te décides à me faire signe ! Où en es-tu ? Tu reviendras bien un de ces jours, espèce de lâcheuse !

Et elle revint en effet, le 11 mai 1995, sous la forme d'un coup de téléphone. Ce jeudi-là, j'assurais ma permanence dans l'un de mes collèges quand la sonnerie retentit. Je décrochai et j'entendis une voix féminine me dire :

« Allô, madame Daoût, je suis la maman de Christine !

— Ah, dis-je, enfin ! Je suis contente de vous entendre, madame, car vous allez enfin me donner de ses nouvelles !

— Je sais que vous vous étiez rencontrées il y a plus d'un an, poursuivit la voix. Elle m'avait raconté votre entretien et, en fouillant dans ses affaires, j'ai trouvé le livre que vous lui aviez dédicacé. J'en ai lu le début, j'ai recoupé les dates et ainsi j'ai fait l'hypothèse que l'auteur de *Lâche ta drogue...* et la conseillère d'orientation dont elle m'avait longuement parlé étaient une seule et même personne. Et, à tout hasard, j'ai appelé le CIO et je vous ai demandée !

— Votre esprit de déduction est très bon, dis-je, et vous auriez fait un excellent détective... Mais parlez-moi de votre fille et dites-moi ce qu'elle devient !

— Christine est morte d'une overdose, peu de temps après vous avoir vue, me dit la voix. C'est son ami Damien qui lui a procuré la drogue, du moins c'est ce que je pense ! »

Ah non ! Ce n'est pas possible ! Elle a donc encore frappé, ma vieille ennemie ! Les larmes aux yeux, le cœur dans un étau, anéantie, je marmonnai entre mes dents : « Merci, grand merci à Damien, j'espère qu'au moins il fait des cauchemars ! »

« Damien est mort lui aussi, poursuivit la voix, quinze jours après ma fille. Il est mort bourrelé de remords devant le cimetière où est enterrée Christine. Tout le monde pense qu'il s'est suicidé en s'injectant volontairement une dose mortelle d'héroïne. »

J'étais glacée. Et la voix reprit, tremblante :

« Pensez-vous, madame Daoût, que ma fille ait voulu elle aussi se suicider ? »

Alors je dis, presque en criant :

« Non, non et NON ! De cela, je suis bien sûre ! J'ai vu Christine heureuse et tout à ses projets, complètement tendue vers l'avenir. Si je puis affirmer quelque chose, c'est bien cela ! Non, non, elle ne s'est pas suicidée !

— Il faut que je vous voie, madame Daoût. Je vais venir dans le Midi pour vous rencontrer. Il le faut, je le sens ! »

C'est ainsi que j'ai fait la connaissance de Dolorès. Elle a traversé toute la France et nous nous sommes vues pendant seulement une demi-heure. Elle a ainsi réalisé le désir de sa fille.

Cet entretien a eu lieu dans l'émotion la plus profonde.

« Non ! non ! ai-je dit et répété, Christine ne s'est pas suicidée, cela me semble impossible ! »

Je savais combien c'était important pour sa mère. Important et désolant à la fois, insupportable, car, comme l'écrit Dolorès :

« Christine avait tellement l'envie de réussir et de s'en sortir. Elle était sur le point d'y parvenir. C'est la fatalité qui me l'a enlevée, et ça, c'est injuste. »

En rentrant chez elle, Dolorès a eu un accident de voiture sur l'autoroute. « Beaucoup de dégâts, me dit-elle, mais pas de blessures. » Elle a eu beaucoup de chance de s'en sortir indemne. Elle m'écrivit plus tard :

« Heureusement que je vous ai rencontrée car à ce moment-là je voulais mourir. »

Je lui répondis :

« Voyez-vous, Dolorès, l'accident d'Avignon aurait pu être beaucoup plus grave et vous auriez pu ne jamais rentrer chez vous, tant sont fortes vos pulsions de mort ! Soyez-en consciente ! »

Quelques jours plus tard, dans l'une de ses lettres, Dolorès s'aperçoit qu'elle s'est mise à me tutoyer très spontanément, elle me demande de l'en excuser et espère que « ça ne m'ennuie pas trop ».

Mais non, ça ne m'ennuie pas du tout, Dolorès, nous sommes sœurs dans la souffrance et dans l'espoir.

Dolorès, après être rentrée chez elle, m'avait appris l'existence du journal intime de sa fille et avait accepté de me le confier. C'est ainsi que j'ai pu entrer dans l'univers de Christine.

Ce journal a été écrit tout au long de l'année 1993 (du 25 janvier au 13 novembre). C'est à la fois l'année où Christine a failli réussir à sortir de l'héroïne et l'année de sa mort.

Elle s'y montre touchante et naïve, fragile aussi. En lisant ce journal, j'ai parcouru son chemin de croix. J'y ai vu au quotidien Christine essayant de s'arracher à la drogue, puis retombant bas, encore plus bas, et perdant le désir de s'en sortir, puis je l'ai accompagnée convalescente, reprenant des forces un petit peu plus chaque jour, confiante dans l'avenir, certes, mais se mettant en garde elle-même.

Le premier cahier se termine ainsi : « Il faut faire attention à ne pas être trop euphorique, à garder mes distances en prévoyant le pire : *la rechute*. Mais je pense que ça va aller. Du moins, ça, je ne pourrai le savoir que dans quelques mois. Je pourrai alors faire le point, comme je peux le faire aujourd'hui sur mon passé récent en relisant tout ce que j'ai écrit dans mon journal au cours des trois derniers mois. »

Peut-être n'y es-tu pas parvenue, Christine, mais ta vie peut être un exemple, une réussite, si elle encourage d'autres jeunes à essayer de s'en sortir. Tu as failli y arriver. Ta seule faute, ta dernière erreur, a été de te croire protégée, invulnérable, sauvée, et en tout cas plus forte que l'héroïne ! Et tu y as retouché.

Il ne fallait pas, Christine, il ne fallait pas. Tu t'es attaquée à une ennemie redoutable ! Et elle a gagné. C'est vraiment trop décevant, trop triste !

Première partie

JARDIN SECRET

Les choses vont comme elles vont
De temps en temps la terre tremble
Le malheur au malheur ressemble
Il est profond profond profond
Vous voudriez au ciel bleu croire
Je le connais ce sentiment
J'y crois aussi moi par moment
Comme l'alouette au miroir
J'y crois aussi je vous l'avoue
À n'en pas croire mes oreilles
Ah je suis bien votre pareil
Ah je suis bien semblable à vous

Louis Aragon

Le premier cahier de Christine

« Je veux faire du cinéma, m'avait donc confié Christine. D'ailleurs, avait-elle ajouté en rougissant, j'ai commencé un scénario... »

Le premier cahier de Christine contient ce scénario dont elle était si fière. Elle l'avait appelé *Vie rose*, peut-être par dérision. Je l'ai découvert avec amusement et attendrissement. Le voici...

Vie rose

La vie est belle
Cela ne veut pas dire qu'elle soit rose
Toutes les couleurs y interviennent
Et le gris et aussi le noir
Mais qu'importent les tons !
C'est l'éclairage qui nous vient du ciel

Sertillanges

En résumé, *Vie rose* est l'histoire de Clara. Christine la présente comme « une petite fille de dix ans, jolie comme un cœur », qui vit dans une cité appelée « Les 4 000 », dans la banlieue de La Courneuve. Elle est très en avance sur les enfants de son âge, à la fois sur le plan physique, (« seins, règles et taille ») et sur le plan mental. Sa situation familiale n'est « guère exemplaire : le père alcoolique est souvent absent ». (Heureusement, car lorsqu'il est là, il bat sa femme et terrorise sa fille !)

Clara s'élève seule et rêve sa vie. « Comme elle est très

éveillée, elle réfléchit beaucoup et envie les enfants que leurs parents laissent traîner et qui font tout ce qu'ils veulent ! » Elle ne sait rien de l'amour d'un père ou d'une mère pour leur fille, ni de celui d'un homme pour sa femme. Et comme elle est d'une nature solitaire et méditative, elle n'a que peu d'amis.

Clara, explique l'auteur du scénario, est plutôt du genre à réfléchir « en esprit de fuite », et elle décide alors de quitter sa famille, et de se créer une vie qui serait « en rose ».

Elle fugue. Ses parents s'en moquent, et seule l'institutrice s'en inquiète. La voilà donc dans la rue et livrée à elle-même. Mais elle sait qu'elle ne veut surtout pas retourner chez elle !

Au début, effectivement, « tout est beau, tout est rose, elle se sent bien, car elle rencontre des personnes qui s'amusent avec elle, qui l'hébergent, qui la prennent en charge. Mais cela ne dure pas, elle comprend que pour vivre et dormir il lui faudra travailler car, n'ayant pu voler que trois cents francs, il ne lui reste presque plus d'argent. Petit à petit, elle est abandonnée par ses soi-disant amis, et son enthousiasme retombe ».

Conseillée par des prostituées, « elle devient stripteaseuse, travaille dans des sex-shops », et est naturellement amenée à faire le même métier qu'elles. Et, ajoute le script, « il est bien évident qu'elle touche à la drogue du genre haschisch qui mène à la drogue dure : l'héroïne ».

Elle croise alors sur son chemin « des lascars du genre maquereau dealer »(Christine écrit « macro-dealer »). Un jour, dans une soirée, elle rencontre José, un « macro qui lui reconnaît des qualités qu'il pense pouvoir faire fructifier à son profit ». Clara « étant une enfant naïve et avide d'affection, elle tombe amoureuse de son "macro", et travaille pour lui sans faillir. Elle "monte", comme on dit, tous les soirs, jusqu'à quatre ou six heures du matin ! Il lui fait faire le tapin et il la tient par l'héroïne. Régulièrement, elle donne tout l'argent qu'elle a gagné à José, son macro, qu'elle considère comme son amoureux ».

Un soir, « avant de rentrer, elle décide d'aller boire un bon café près de la gare du Nord, quand elle entend les cris d'un bébé qui pleure sans arrêt. Poussée par la curiosité, mais inquiète aussi, elle se décide à aller voir. Oh, malheur ! Il s'agit d'un bébé lâchement abandonné dans une poubelle ! Il a à peu près dix mois ! Peut-être par instinct maternel, elle décide de le prendre avec elle et de s'en occuper comme si c'était le sien ».

« Sur le chemin du retour, elle achète de la nourriture et des vêtements pour l'enfant avec l'argent qu'elle a gagné dans la nuit. Elle dépense une grosse somme, si bien qu'il ne lui reste plus grand-chose pour son José adoré. Mais elle a confiance en lui, elle est absolument sûre qu'il sera très heureux d'avoir un bébé ! »

Hélas, hélas, elle connaît bien mal son amoureux ! José, furieux, « la frappe sauvagement, et Clara se débat et l'assomme avec un pied-de-biche. Maintenant, il ne lui reste plus qu'à fuir avec l'enfant et à éviter le quartier dans lequel elle travaillait, sinon les amis de José vont la retrouver, et son "macro" va la tuer, c'est sûr ! »

La pauvre Clara n'a que quatorze ans. Elle est perdue,

paumée, elle ne sait plus que faire ! Elle erre, son bébé sous le bras, dans les endroits où elle se croit en sécurité. Par chance, il lui reste deux cents francs, et elle décide de s'arrêter dans un café pour réfléchir, se reposer et donner à manger à l'enfant. Heureusement, dans ce café se trouvent « des jeunes très fréquentables et d'à peu près dix-sept à vingt ans ». La voyant en larmes, ils viennent à sa table. Elle leur raconte son histoire, et ils décident de l'aider. Ils connaissent une brave femme qui accepte de prendre l'enfant en nourrice. Mais Clara n'ose pas dire à ses nouveaux amis qu'elle ne travaille pas, elle leur raconte seulement qu'elle vient de se séparer de son homme et qu'elle n'a plus ni famille, ni toit !

L'ensemble comporte un certain nombre de notes d'ordre technique comme : « voix off », qui montrent à quel point Christine s'investissait dans ce projet et rêvait de le voir un jour porté à l'écran !

Vois-tu, Christine, à ton scénario je préfère de loin ton journal, le miroir de ta vie, qui me semble beaucoup plus riche. Je ne suis pas sûre que ton avenir cinématographique eût été assuré. Sans doute aurions-nous pu trouver une orientation professionnelle qui t'aurait mieux convenu, c'est mon métier après tout ! Mais peut-être encore serais-tu devenue plus tard une étoile du cinéma, une grande réalisatrice, et aurais-tu ri de bon cœur en relisant ce qu'à vingt ans tu prenais pour ton chef-d'œuvre ?

Tu me touches beaucoup, petite Christine ; ton texte est laborieux et tu as tenté d'y intégrer des éléments de ta propre histoire, car Clara, cette petite fille « jolie comme un cœur et en avance pour son âge », n'est-ce pas un peu toi ? Et pour raconter son histoire, avec ses fugues et ses galères, ne t'es-tu pas parfois inspirée des événements de ta propre vie ? Voilà pourquoi la lecture de ton scénario m'a émue et m'a fait sourire aussi. Mais je te demande de bien vouloir me pardonner si je préfère consacrer à ton journal, pour moi tellement plus intéressant, la suite de ces pages.

C'est le 25 janvier 1993 que Christine commence son journal. Elle l'intitule *Jardin secret*, le date et signe : Christine, 20 ans. Il débute ainsi :

« J'étais là, allongée par terre dans la salle à manger, quand j'ai pensé à faire un petit journal. Je ressassais un peu tout le proche passé et je me suis dit que je devais trouver un moyen d'exorciser tous mes problèmes. »

C'est donc dans le but de mieux se comprendre que Christine entreprend d'écrire ce journal. Elle veut analyser son passé et réfléchir sur ses contradictions afin d'éviter de retomber toujours dans les mêmes erreurs.

Plutôt que de reproduire *in extenso* ce Jardin secret, j'ai préféré en dégager les thèmes les plus marquants, dont j'ai noté la présence répétée et presque obsessionnelle : la drogue (que Christine appelle toujours la « came ») et Damien, son ami, son partenaire aussi dans l'héroïne, celui par l'intermédiaire duquel et avec lequel elle est entrée dans la dépendance. Damien et la came sont toujours étroitement liés.

En lisant ces lignes, j'ai aussi été frappée par le portrait négatif que la narratrice brosse d'elle-même et j'y ai retrouvé le dégoût d'eux-mêmes dont font souvent preuve les toxicomanes. Je me suis donc efforcée de reconstituer l'image de Christine vue par Christine. J'ai intitulé ce chapitre : « Autoportrait ou l'autodévalorisation ».

La came

... Et puis plus de came, car à partir de demain tout commence réellement...

Christine

Du 25 janvier jusqu'au mois de juin, Christine tente de décrocher de la drogue. Elle tombe et se relève, et nous la suivons dans sa lutte. C'est un combat terrible qu'elle mène jour après jour, croyant parfois avoir gagné la partie, puis retombant, se relevant encore pour descendre encore plus bas... Pour notre part, Clément (mon mari) et moi-même avons autrefois tenté, pour notre fils Ludovic et à sa demande, un sevrage à domicile, avec accompagnement médical : la révolte du corps, qui souffre depuis si longtemps, est terrible. Elle se traduit par des tremblements, des angoisses, des nausées, des vomissements et des diarrhées, et l'on comprend que le jeune renonce, face à tant de souffrances. C'est ainsi que, alors que nous avions tout mis en œuvre pour l'aider, j'ai, la mort dans l'âme, entendu Ludovic supplier son amie : « Tant pis, Laura, c'est trop dur, on abandonne, donne-moi un shoot ! » Voilà pourquoi je comprends si bien la petite Christine !

Dans son journal, elle demande : « Quelle est l'ordure qui a inventé la came ? »

Elle est persuadée qu'elle va réussir à s'en sortir : « Il le faut, car rien ne peut être mis au niveau de la came et de la médiocrité dans laquelle je me complaisais. Tout ne peut être que mieux. *C'est certain* ! »

À coups de stylo rageurs, elle souligne plusieurs fois ce qui la révolte ou ce dont elle tente de se persuader.

Elle est émouvante dans ses efforts, car en dépit de ses échecs répétés elle ne cesse pas d'espérer. Elle note sa détermination en martelant sans cesse : « C'est fini, plus de came », ou encore : « Je décroche de la came, et cette fois pour de bon », puis, un peu plus loin : « Je vais arrêter la défonce », ou « J'ai envie de *réellement* arrêter la drogue ».

Parfois elle a recours à des arguments complètement tordus dont je ne pense pas qu'elle ait pu être dupe : « Hier, j'ai cherché de la dope, et quand je l'ai trouvée, je crois que je m'en suis détachée ! »

Jour après jour, elle relate sans aucune complaisance, avec beaucoup d'honnêteté, aussi bien ses prises de décision définitives, son mal-être et ses reprises de confiance que ses rechutes et son dégoût d'elle-même. Au fil de ces lignes apparaissent les deux Christine, celle qui veut vivre et celle qui la tire sans cesse vers le bas. C'est une chose courante observée chez les toxicomanes, qui sont par moments pleins de désirs et de bonnes résolutions, et sont cependant incapables de s'arracher à l'emprise de ce qui les détruit, et se méprisent à cause de cela. Leur comportement peut sembler incohérent. Christine fait parfois un grand pas en avant pour tout casser ensuite, et c'est cela aussi la drogue : elle dépossède celui qui l'utilise de toute liberté !

Le 25 janvier 1993, le jour où elle commence ce cahier, elle lui confie : « Cela devrait faire deux semaines que j'ai arrêté la came et en fait cela ne fait que deux jours. *J'ai mal ! Je me dégoûte*. Pour maman, c'est pas *sympa*. J'aimerais bien pouvoir dire la vérité et tout ce que j'ai sur le cœur à Arnaud, le mec à maman, mais je ne suis pas sûre qu'il le prendrait bien et surtout qu'il le garderait pour lui !

« J'aimerais ne jamais avoir touché à la came et m'en tenir au pétard. Le problème, c'est que physiquement j'ai trop mal pour entreprendre quoi que ce soit ! Pourtant, c'est dans des moments comme ça que je suis capable de prendre des décisions. Ce qui est le plus dur, c'est que si je vais à Paris, je pourrai en avoir gratis et ne souffrirai pas physiquement comme mentalement ! Car c'est dur de ne pas choisir la facilité ! ! ! »

Le lendemain 26 janvier, elle se sent beaucoup plus en forme : « J'ai parlé à Arnaud, et je me sens mieux. Disons que je me sens moins ridicule. Cette journée m'a ouvert les yeux, et maintenant il ne me reste plus qu'à voir ! Je sens qu'avec le temps ça va venir ! D'ailleurs, j'avais mal partout physiquement il y a cinq minutes et maintenant, plus rien. *Cela veut tout dire* (non, je triche parce que j'ai bu un remontant : deux œufs avec du lait et du sucre). Encore trois jours et j'aurai une pêche d'enfer. Cette fois-ci, je suis décidée, la came c'est fini, fini, FINI. »

Et le 28 janvier, elle pense avoir enfin gagné la partie : « Je crois que j'ai retrouvé mon équilibre et ma joie de vivre, je me sens reprendre confiance en moi, *et je m'aime* ! N'est-ce pas merveilleux ? En plus, je crois que j'ai l'atout d'avoir arrêté sans médicaments, donc d'avoir puisé dans ma volonté. Qu'est-ce que ça fait du bien de renaître ! Je suis la meilleure ! Je ne suis pas née sous le signe du Lion pour rien ! Et si je ne suis pas encore un lion, je suis quand même un lionceau ! Je n'ai même plus envie de reprendre la came. *Il était temps* ! »

Le 31 janvier, elle envisage l'avenir avec sérénité : « Je me sens tellement différente, ou bien alors c'est maintenant que je suis vraiment moi-même ! Il était temps que je me réveille ! Je ne sais pas ce que sera demain mais une chose est sûre : ce sera positif à fond ! J'ai vingt ans mais j'ai les rêves et les ambitions de mes seize ans ! Je me sens redevenue *Christine* ! »

Mais ce bien-être ne dure pas, hélas ! et le corps se manifeste. Le 2 février, Christine écrit : « Putain ! Ce que c'est dur la came. Cela fait au moins une semaine que j'ai laissé tomber et j'ai mal au dos, je ne comprends pas. En tout cas, je le sens bien. Ce n'est pas pour autant que je vais en prendre. Même si je dois y penser inconsciemment. *Hors de question* ! ! ! Je sais maintenant que je vais mieux, et que d'ici une heure j'aurai récupéré la forme. »

Le même jour, elle va faire un petit tour et rentre chez

elle. Elle ne se sent pas bien et craint de ne pas avoir la force de continuer à résister : « Je suis rentrée chez moi depuis deux heures maintenant et ça ne va pas. Je sens quelque chose qui ne va pas. Peut-être tout simplement une baisse de moral. Pourquoi je me laisse aller vers la facilité ? Je suis cinglée, j'ai l'impression que j'ai toujours envie de me défoncer ! Oh, pas à la came, mais à la boisson ! Je bois beaucoup en ce moment, et le pire, c'est que ça n'arrange rien ! C'est peut-être la came qui me rend comme ça ! Par manque ! Pas physique mais moral. Je me suis habituée à fumer quand tout est trop compliqué pour moi. Avant la came, j'avais plus de force en moi ! Je dois être sado ou maso ! J'ai sûrement envie de me détruire ! Mais pourquoi je ne trouve pas la force d'y arriver ? Je dois me ressaisir ! »

Elle ne se comprend pas elle-même. Si elle rencontrait quelqu'un qui l'écoute, peut-être pourrait-il en être autrement. Cette personne ne serait ni sa mère, qui est trop proche d'elle, ni Vincent le petit frère, qui est trop petit, ni Arnaud, « le mec à maman », mais « quelqu'un de neutre qui m'accepte comme je suis », car jusqu'ici, dit-elle, « j'ai toujours menti à *tout le monde* ! J'aurais besoin d'un (e) vrai (e) ami (e), de quelqu'un qui m'écouterait sans me juger, quelqu'un qui me conseillerait et surtout qui serait fidèle pour que je puisse l'être ».

Mais une telle amitié lui semble difficile, car à l'ami « il faudrait beaucoup de patience parce que moi je détruis tout ! »

Si son journal l'aide, il ne lui suffit pas : « Ce n'est pas un journal mais une mémoire ! Et ça m'énerve, je n'ai jamais de réponse parce que ces feuilles ne parlent pas ! »

Elle s'interroge sur les raisons de son entrée dans la drogue. Elle sait très bien que tout a commencé par sa rencontre avec Damien. Elle écrit : « Si j'en suis arrivée là, c'est en quelque sorte la faute de Damien, et depuis que je l'ai rencontré je ne fais que régresser ! » Mais l'explication ne lui suffit pas ; la raison essentielle est en elle, elle le sent, mais elle n'arrive pas à la cerner, et c'est aussi pour cette raison qu'elle n'arrive pas à s'en sortir : « Il me manque un élément, affirme-t-elle, et sûrement *primordial* ! » Mais lequel ? « À vingt ans je dois être encore comme une enfant de quinze ans. Pourquoi n'ai-je pas grandi ? Je n'ai pas pris assez de responsabilités, tout a toujours été facile pour moi. Je ne me suis jamais prise en main. J'ai déjà tout essayé : maman, le dessin, le sport, la famille, et *rien n'a marché* ! »

Lasse de ne pas trouver d'explication valable, elle conclut : « Peut-être que ce qui me manque, c'est tout simplement *une bonne claque* ! »

Comme cette recherche s'avère stérile, plutôt que de ressasser le passé, Christine décide de regarder devant elle et de chercher des solutions qui l'aideront à sortir de son enfer. Puisqu'elle a toutes les qualités qu'elle s'attribue quand elle va bien, il est « *évident* » qu'elle va réussir car « *il le faut* ! » C'est du moins ce qu'elle écrit un peu partout. Et, pensant qu'elle est sur la bonne voie, elle s'écrie : « Et cette fois, c'est parti pour la vie ! »

Elle n'a pas le droit de peiner ceux qui l'aiment (« maman, Vincent et Arnaud »), ni ceux qui ont confiance en elle : « Et puis tellement de gens importants à mes yeux comptent sur moi que je ne peux pas les décevoir ! »

Elle est très consciente du danger que représente la drogue pour elle, et le 8 février elle a envers elle-même un discours lucide et prémonitoire :

« Ça y est, je suis partie pour croquer la vie comme il faut ! J'ai vraiment envie d'y arriver ! J'ai une pêche d'enfer ! Je veux être active, donc VIVRE ! ! ! C'est pour ça que je ne veux plus de came, car elle me tuerait et, je le sais, la prochaine prise me serait *fatale* ! »

Le 18 février, de nouveau elle ne se sent pas bien. Depuis cinq jours elle n'est pas rentrée chez elle. Elle a menti à Dolorès pour ne pas l'inquiéter.

Et à la date fantaisiste du 30 février (dans quel calendrier bizarre l'as-tu trouvée, cette date, Christine ?), elle craque et décide d'en finir avec la vie.

Elle confie à son journal les preuves de son désir de mourir en le maculant des traces de son sang, et elle écrit : « Je ne sais plus quel jour on est, mais une chose est sûre, c'est que ce sera le dernier pour moi. Damien a raison, je ne vaux rien. Je fous le bordel partout et je suis moche. Alors autant partir... »

Quelques jours après, le 5 mars, elle revient vers son *Jardin secret* avec un ton désinvolte : « Eh non, je ne suis pas morte. De toute façon, ça n'aurait pas marché de cette façon-là. Et puis, j'ai regretté. »

Sa tentative de suicide n'était-elle donc qu'un appel au secours ? Christine a-t-elle agi sous l'effet de la drogue ?

Damien a-t-il joué un rôle dans ce drame ? Elle n'en dit rien, si ce n'est que « Ça n'en valait pas la peine puisque Damien m'a laissée tomber ! »

Passe le temps... Un pas en avant, un pas en arrière, Christine n'avance guère !

Le lundi 18 mai, elle reprend son journal : « Je suis enfin tombée bien bas. J'ai volé la voiture de ma mère depuis deux semaines. Je fais du business mais du mauvais. Je suis toujours en dette ! J'ai envie de me faire cinq millions et de partir dans le Sud. Je suis malade d'être accro ! » Elle a donc replongé.

Aidée de Dolorès et de son ami, Arnaud, elle tente une nouvelle fois de s'en sortir : « Aujourd'hui, 1er juin, j'ai piqué une crise de nerfs à cause du fait que je décroche de la came mais cette fois pour de bon. Je suis sous l'effet des cachetons et m'endors. Je finirai demain. »

Ce premier cahier s'arrête là.

Damien

Damien a raison, je ne vaux rien !

Christine

C'est par l'intermédiaire de Damien que Christine connut l'héroïne. Certes, elle était très amoureuse de son ami, et il l'aimait aussi probablement. Je me suis souvent demandé si, passé le coup de foudre initial, Damien aurait, sans la drogue, continué à intéresser Christine. Peut-être n'aurait-il été qu'un amour passager, comme ceux qui l'avaient précédé dans le cœur de son amie. D'autre part Christine, sans Damien, aurait-elle trouvé la « came » sur sa route ?

Mais la drogue fausse tous les rapports humains, et la relation de couple devient une relation à trois : l'homme, la femme et la came. Les rapports de Christine et de Damien sont très mouvementés : les mini-ruptures précèdent des réconciliations définitives qui elles-mêmes précèdent d'autres ruptures... avec pour toile de fond l'héroïne et les comportements incohérents et irresponsables qu'elle engendre. Car dans ce couple infernal, la drogue tire les ficelles. Ne pouvant plus suivre, j'ai préféré garder l'ordre chronologique et laisser s'exprimer Christine.

25 janvier : « J'ai revu Damien, et je me sens minable à ses côtés. Pourtant, j'ai besoin de lui. Je ne dirais pas que je l'aime, ça, je n'en sais rien, mais une chose est sûre, c'est que j'ai besoin de le voir et de l'entendre, mais lui, je crois que non. »

27 janvier : « Hier j'ai vu Damien. J'ai été très surprise par lui. On a été à Paris avec quelques copains. Il a fait plein de choses pour me plaire, comme aller à République, essayer de me faire parler en me mettant en valeur sur des sujets que je connaissais. Et moi, j'ai tout foutu en l'air à cause de ma timidité. Hier, je l'ai aimé. Aujourd'hui, je crois qu'il veut m'éviter. J'ai téléphoné au café et j'ai laissé un message. Il ne m'a pas rappelée alors que je sais très bien qu'il y était. Je l'ai rappelé en prenant mon courage à deux mains, ou plutôt ma timidité et mes préjugés à deux mains. Je suis rassurée. Il accepte que l'on se voie. Il a voulu me rappeler mais n'avait pas mon numéro. Je vais essayer de me décoincer ce soir avec lui. On verra le résultat. »

28 janvier : « Je crois que j'ai retrouvé mon équilibre et ma joie de vivre. Une chose me tracasse encore, c'est Damien ! Après tout, si j'en suis arrivée là, c'est en quelque sorte de sa faute ! Disons que depuis que je l'ai rencontré, je n'ai fait que régresser. Il devrait être mon ennemi, et

pourtant je l'aime. Hier, avec lui, c'était extra. Seulement, au niveau dialogue, c'est encore très dur. Mais je crois que je lui plais et en plus je le sens faire beaucoup d'efforts pour me plaire. J'ai l'impression d'être comme au début. Comme si on ne se connaissait pas. C'est extra mais dangereux si je ne me laisse pas aller à lui parler. Oh ! *Doucement mais sûrement*. On devrait se voir ce soir. »

29 janvier : « Je suis chez Damien et on n'a rien à se dire et pourtant j'ai l'impression que l'on a envie de se parler, seulement ça ne sort pas. Pourquoi ? Peut-être faudrait-il oublier le passé ? Comment ? En se découvrant ou en osant dire ce que l'on pense. Que faire ?

« Je me sens bien avec lui, je n'ai pas envie de bouger, de partir, et pourtant je me sens mal. Quand j'engage une conversation, il la dévie en ne me répondant que superficiellement ou en ne me disant rien. Qu'est-ce qu'il nous arrive ? Est-ce que c'est réellement fini ? Je sens qu'il m'aime encore et pourtant... Qu'est-ce que je dois faire ?

« Je crois que je sais pourquoi je ne dis rien, c'est parce que je crois que je ne l'intéresse pas. Disons que j'ai peur de l'ennuyer ou qu'il se moque de moi. Possible que je me trompe, mais en tout cas, je n'ai pas le courage de vérifier. De peur d'être mal. Peut-être parce que je connais déjà la réponse, mais que je ne veux pas la voir. J'espère trop, pourquoi ? Oh ! Laissons faire les choses et on verra. »

31 janvier : « Je suis chez Damien et maintenant je sais qu'il reste un espoir. Je vais changer et me montrer plus expressive. Mais je vais également faire ce qu'il faut que je

fasse, c'est-à-dire mes études. J'arriverai bien à concilier les deux. »

Le 2 février, la raison semble l'emporter car elle note : « Damien a raison, on ne devrait pas se voir aussi souvent et aussi longtemps, on a des ondes négatives ensemble. »

Le 8 février, tout va bien : « Damien se bouge enfin : travail, voiture et projets. C'est impeccable ! Et on a enfin un dialogue, lui et moi, c'est super ! Je suis restée frustrée pendant quatre ans, et là, enfin, tous mes complexes se sont envolés ! Il m'aime maintenant, et je le sais ! »

Le 14 février, elle écrit : « Je suis chez Damien et ça s'arrange enfin. Je sens bien maintenant qu'il tient quelque peu à moi et cela remonte mon amour-propre vers le sommet. Encore deux semaines et je serai de nouveau la plus belle. En plus, au niveau sexuel pour moi ça s'arrange aussi ! En tout cas, si ça remarche entre nous, ça sera *uniquement* grâce à moi. J'y ai investi tous les efforts possibles, surtout que c'était une cause perdue, et hop ! ça recommence, j'ai rallumé le feu. Maintenant, il ne reste plus qu'à l'entretenir. Dans deux semaines, lorsque ce sera parfait dans ma tête, quand je saurai où j'en suis, j'en parlerai à maman. Je crois que Damien va enfin (avec le temps bien sûr !) arriver à oublier avec moi les trois ans que l'on a vécus [sans doute fait-elle allusion aux galères de leurs trois ans dans la drogue]. En tout cas, me prendre comme si c'était la première fois. Du moins, je l'espère. Pour l'instant, ça a l'air sur la bonne voie, mais avec lui il faut se méfier des sautes d'humeur. Un rien le fait changer d'avis, et le pire, c'est que je le comprends. Après ce que je lui ai fait subir pendant trois ans, il est normal qu'il n'ait plus aucune confiance en quiconque. »

Elle se rend pourtant très bien compte que Damien ne l'aide pas du tout et la dévalorise constamment puisqu'elle écrit : « Je me sens minable à ses côtés » et « Quand je suis avec Damien, il passe son temps à me rabaisser ! Oh je me bats, c'est sûr, mais c'est tout de même dur à assumer ! »

Et cependant, hélas, elle ne peut pas se passer de lui.

Dans sa relation avec Damien, si Christine accepte d'endosser une grande part de responsabilité, elle ajoute toutefois : « Moi aussi j'ai souffert, mais les apparences me trompent et trompent les autres également, et pourtant ! Seulement, il faut que j'accepte que je suis trop spéciale pour que l'on arrive et veuille me comprendre. En bref, je ne lui en veux pas de tout me mettre sur le dos — jusqu'au jour où j'en aurai assez ! » ajoute-t-elle cependant.

Le 5 mars, après sa tentative de suicide, Christine revient à son journal et lui confie son chagrin après sa nouvelle rupture avec Damien. « Je ne suis pas morte, ça n'en valait pas la peine puisque Damien m'a laissée tomber. Disons qu'il était d'accord hier pour reprendre à zéro, mais aujourd'hui, sa famille a su que je le revoyais et son grand-père lui a dit de choisir entre moi et eux et il a choisi. Voilà, je me suis fait avoir, mais je pense que ce n'est pas plus mal car maintenant je vais être obligée de ne plus penser qu'à moi. Je vais redevenir égoïste et arrêter la défonce. Le plus dur sera de l'oublier, ou plutôt de guérir mon amour-propre.

« Pour aujourd'hui je ne veux plus de mec avant un bout de temps. Le temps que mon cœur soit redevenu capable d'aimer quelqu'un. Ça fait mal, putain ! Je vais devoir être forte. Peut-être que je vais retrouver un homme qui va me plaire dans un nouveau milieu ou à l'école. Mais pour l'instant, j'encaisse le fait de m'être fait avoir. Oh ! J'ai mal ! J'espère que je pourrai compter sur mes amis (si j'en ai). »

Dans un couple, la drogue est très destructurante, car elle rend impossible toute communication. Même quand les deux partenaires croient communier dans leur « voyage », en réalité ils sont tout seuls. Et quand ils ne sont pas dans leur délire, ils sont constamment décalés l'un par rapport à l'autre, ou trop préoccupés par la drogue, qui est devenue leur priorité, pour songer à partager quoi que ce soit. Voilà, me semble-t-il, la raison essentielle pour laquelle les relations entre Damien et Christine sont si difficiles !

Elle évoque aussi ses projets : « Je vais ne penser qu'à moi, me refaire une santé, déjà, et profiter de la vie (si j'arrive à vivre !). J'espère arriver à l'oublier très vite. En tout cas je mettrai tout en œuvre pour y arriver. Déjà, ce soir je vais essayer de m'amuser, et tout le week-end aussi d'ailleurs, si j'en ai les moyens financiers et si j'ai un moyen de transport. »

En dépit de sa souffrance, elle devine les aspects positifs que peut comporter cette rupture : « Aujourd'hui est un nouveau jour. Je n'ai maintenant plus rien ni personne qui me retienne. Plus de Damien, c'est déjà une bonne chose car, grâce à ça, je fais une grande croix sur mon mauvais passé. Mon talent doit se révéler, se réveiller, se dépoussiérer. J'ai rendez-vous mardi pour la chance de ma vie. Et puis, mon permis de conduire devient nécessaire maintenant. C'est vrai que c'est dur de tout oublier en un jour comme je le fais, sans larmes, sans remords, sans me retourner, pour une fois, et sans m'enfuir comme je le fais généralement. Je ne me mens plus.

« J'ai eu la chance ce week-end de pouvoir être seule à la maison pour exorciser. Sinon cela aurait peut-être été dur de parler avec maman, et puis là, cette semaine, je ne vais pas chômer et ça m'aidera à ne pas penser. Oui, j'ai envie de hurler ma peine, de pleurer, mais non, je vais avancer comme la vie me l'ordonne. Je vais être seule comme je l'ai toujours été. Ça me réussit mieux ! »

Le 11 mars, les bonnes résolutions se sont envolées et elle est sûre qu'elle va reconquérir Damien : « Avec Damien, ça va s'arranger. Il va bien se rendre compte que j'ai réellement changé et il va retomber amoureux de moi. Il m'aime toujours mais il a peur de cet amour. En ce moment, quand je l'appelle ou quand je demande à le voir, il ne me jette pas. Je vais en profiter. En tout cas, même si je ne le vois que très peu, la coupure me paraît moins difficile. Donc cela ne peut qu'être bénéfique pour mon avenir proche. De toute façon, je sais que je ne finirai pas ma vie avec lui, mais au moins je vais retrouver mon amour-propre perdu et le préserver. Ce qui me paraît sûr, c'est que Damien, je peux l'avoir dans ma poche. »

Au mois de mai 1993, Christine a « emprunté » la voiture de sa mère, et le 1er juin elle confie à son journal, de façon très laconique, la nouvelle de l'incarcération de Damien : « On est presque en été et il fait moche, pluie et ciel gris. Et Damien est en prison ! »

Autoportrait ou l'autodévalorisation

J'accepte que je suis trop spéciale
pour que l'on arrive à me comprendre !

Christine

Tout au long des pages de son journal intime, Christine semble regretter le temps d'avant, d'avant Damien et d'avant la drogue. Si elle ne parle pas de son enfance, elle répète souvent qu'à dix-sept ans elle avait des qualités, alors qu'aujourd'hui elle se trouve nulle, comme elle dit ! Dans la vie de Christine, il y a donc *avant* et *après* la drogue.

À dix-sept ans la petite Christine était forte et sûre d'elle : « J'étais tellement optimiste avant, ambitieuse, prétentieuse, orgueilleuse, à un point ! Avant, j'avais de la force. Quoique non, en fait, je fuyais déjà mes responsabilités. »

En résumé, elle était quand même « une battante et une

gagnante ! » tandis qu'aujourd'hui, en mars 1993, son regard sur elle-même a complètement changé. D'abord elle est bourrée de défauts :

« J'ai énormément de rancœurs. J'ai sûrement envie de me détruire, mais pourquoi je ne retrouve pas la force que j'avais avant ? Je suis trop lâche, j'assure pas une cacahuète ! Je ne me suis jamais prise en main. Je me laisse aller vers la facilité. Je suis fainéante, je suis trop négative, je vois tout en noir ! Je suis passive, je me décourage trop vite. Je ne dois pas être très bien dans ma peau, je ne fais pas ce que j'aimerais faire, et en plus je ne sais pas ce que je veux. Je n'arrive pas à en parler. Je refuse tout et tout le monde ! Je suis en train de subir les événements et c'est pas cool ! J'avais pris de bonnes résolutions et hop ! Dès que ça ne va pas, je fous tout en l'air ! »

Dans ses relations avec les autres, elle triche : « J'ai toujours menti à tout le monde. Je détruis tout ! Alors on ne m'apprécie pas pour ce que je suis. Faut dire que je ne suis pas honnête de mentir, de raconter des histoires, et même quand tout marche bien, j'aime me faire des films ! Pourtant, rien dans ma vie n'explique que j'aie des problèmes dans ma tête. Alors, je suis repoussée partout où je vais. Je n'ai pas trouvé d'écoute, je me renferme complètement ! Je dois avoir un esprit compliqué, et j'aime me plaindre et me faire du mal. Je ne vois pas pourquoi je me trouve des malheurs ! J'ai un truc qui ne va pas ; j'aime peut-être me plaindre, je ne supporte pas de faire trop longtemps la même chose. Mais alors, si c'est ça, ça veut dire que je ne suis pas normale ! Pourtant, c'est facile d'être normale, non ? Je dois être *sado* et *maso* ! J'ai des problèmes de personnalité, c'est-à-dire que je ne suis qu'une enfant encore ! Je suis retardée mentale. Ouais, ça doit être ça ! Peut-être que c'est la came qui me rend débile ! Je suis cinglée ou bien alors je suis *con* ! Et quand je crois le contraire, je me surestime ! Ou bien je ne suis pas moi-même, et je ne l'aurai jamais été ! Ça, c'est possible ! »

« Je me dégoûte », répète-t-elle aussi très souvent, et elle ajoute : « Damien a raison, je ne vaux rien, je fous le bazar partout et le bourdon à tout le monde, et en plus je suis moche. »

Parfois, elle fait mine d'en prendre son parti : « J'accepte que je suis trop spéciale pour que l'on arrive ou veuille me comprendre. »

Mais, de temps en temps, elle lance un appel au secours : « Je me sens toute seule ! J'ai tellement besoin de parler. Je n'ai personne pour m'aider. Je suis comme quelqu'un qui a besoin d'une béquille pour marcher mais qui n'en a pas. Alors on rampe, et ramper c'est encore trop dur pour moi. Ou alors c'est par manque d'activité ! J'ai beaucoup d'énergie refoulée, seulement je ne me défoule pas assez ou pas comme il le faudrait. J'ai l'impression que j'ai toujours envie de me défoncer ! »

Parfois, quand son autocritique lui semble trop sévère, elle la nuance un peu : « C'est vrai que j'attends qu'on me donne avant de donner, mais moi quand je donne, c'est *à vie* et *à fond* ! »

Et après s'être décerné le titre de « *con* » elle se rebiffe : « J'en ai assez d'être con, car cette parure ne me va pas et en tout cas je n'en ai pas la vocation ! J'ai retrouvé ma rage de vivre, j'ai du caractère et du talent, je ne suis ni trop idiote ni trop moche, donc *je dois y arriver* ! »

Dans les périodes d'euphorie, elle trace d'elle-même un portrait positif mais sans nuances, qui est exactement à l'opposé de ce qu'elle se répète habituellement : « Je me sens pousser des ailes ! Je sais maintenant que je vaux quelque chose ! Je me sens beaucoup mieux. Je vaux beaucoup, j'ai repris confiance en moi, et cette fois, *pour la vie* ! »

On dirait que Christine pratique la méthode Coué et tente de se persuader elle-même. Mais elle n'y parvient pas vraiment.

À son journal elle confie aussi ses espoirs, ses projets. Elle ne fait pas dans la demi-mesure : « J'aimerais tellement briller, soupire-t-elle, je veux être la meilleure. Je vais en mettre plein la vue à tous ceux qui ont cru que je tomberais dans la déchéance ! Je vais être un *grand* metteur en scène, ou en tout cas quelqu'un de *grand*, dans n'importe quel domaine. Je vais m'aimer et arrêter de me lamenter sur mon sort, cela n'en vaut pas la peine ! »

Elle va donc devoir gérer sa vie autrement : « Il faut que je m'occupe un peu (beaucoup) de ma petite personne. Il ne me reste plus qu'à m'occuper de mon corps, c'est-à-dire sport, fringues, coiffeur. Il faut que je m'occupe également de ma famille, que je leur redonne confiance en moi, que je leur montre qu'ils ont de nouveau Christine à côté d'eux. Il faut que je me rapproche de maman et de Vinvin [Vincent, c'est le petit frère adoré]. Je vais lire et m'instruire, j'en ai assez de parler comme une gamine et de découvrir à travers les gens. Je vais m'investir dans les études. Je serai une autodidacte. Je vais avancer comme la vie me l'ordonne. »

Christine prend donc un certain nombre de bonnes résolutions. À coups de « *Il faut que...* », elle rêve sa vie.

Elle exige beaucoup d'elle-même : « À partir de maintenant, je choisirai le plus dur ! Ce sera difficile, c'est sûr, mais je suis sur la bonne voie. Il faut que je ne rêve pas trop et que j'admette que je peux avoir quelques échecs pour pouvoir y remédier. Je n'irai pas trop vite. Comme on dit, je ne mettrai pas la charrue avant les bœufs. Je ferai avancer les choses en fonction de ce que je suis capable de faire tout en fixant la barre légèrement plus haut, et de plus en plus haut suivant mon évolution. Je ne referai jamais ce que j'ai fait. Je me battrai dans les durs moments. Avec autant d'énergie que je l'ai fait dans les mauvaises solutions. »

Elle se fixe donc des limites, mais elle ne devra pas échouer trop souvent car, dit-elle, « Je sais maintenant qu'on a le droit de se planter une fois dans la vie mais qu'il faut être vraiment con si on recommence et encore plus con si ça continue ! Je pense aller voir un psychologue mais je veux y arriver seule. Pourquoi ? »

Elle se projette dans un avenir meilleur : « J'ai hâte d'être en été ; d'une, pour le soleil et l'ambiance, mais aussi parce qu'en juin tout se mettra en place, et j'aurai la liberté de faire ce qui me plaît ! Déjà, je serai en stage, donc j'aurai de l'argent, une voiture, et la vie devant moi. J'ai envie de croquer la vie comme il faut et j'ai envie d'y arriver ! Je veux être active, donc *vivre* ! »

En dépit de toutes ses bonnes résolutions, Christine se pose encore des questions : « J'ai l'impression que ça ne va tout de même pas dans ma tête, comme si quelque chose me manquait. Quelque chose ou en tout cas quelqu'un qui croie en moi ! »

Je trouve le portrait de Christine par elle-même bien sévère. Pour ma part, quand je l'ai rencontrée, j'ai vu une jeune fille très jolie, intelligente et pleine de charme. Or, chaque fois qu'elle se montre positive ou un peu indulgente vis-à-vis d'elle-même, elle détruit immédiatement tout cela par une phrase qui est censée refléter la réalité. Non, non, Christine ne s'aime pas encore !

Elle tente cependant de faire confiance à l'avenir : « Cette année va être bénéfique pour moi, je le sens ! En tout cas, elle sera un tournant pour mon avenir ! Heureusement que je n'ai que vingt ans. Il est encore temps de recommencer ; à vingt et un ans, il sera trop tard ! »

Dans ce premier cahier, en fait, Christine a commencé un véritable travail sur elle-même, un travail d'analyse et de réflexion destiné à la faire avancer. Elle a découvert et lu très attentivement le livre de Olievenstein : *Le Destin du toxicomane.* Elle le relit sans cesse pour tenter de comprendre les raisons de son entrée dans la drogue. Le livre est ardu, et le vocabulaire difficile pour un profane. L'exemplaire de Christine est annoté, dans les marges, de définitions de mots trouvées dans le dictionnaire ou de commentaires personnels, ce qui montre qu'elle était tout à fait capable de fournir un travail sérieux et assidu.

Sur une feuille volante, elle relève une phrase qui l'a touchée et la complète par une question qu'elle se pose à elle-même : « Il n'existe pas de raison sociale pour qu'un enfant se drogue. Il ne le fait qu'à cause d'une (ou plusieurs) brisure (s). »

Question de Christine : « D'où viennent mes brisures ? »

À un autre endroit de son cahier, elle écrit : « Ce soir j'ai encore du mal à dormir. Pourtant, *hier j'ai réussi* : j'ai lu une bonne partie du livre d'Olievenstein, et j'y ai compris énormément de choses — la nuit, si je ne dors pas, c'est à cause de mes angoisses. Les raisons qui m'ont amenée à m'intoxiquer, dans tous les sens du terme, sont à rechercher dans mon enfance. Déjà, quand je faisais mes fugues, je me conduisais en toxicomane ! Disons que j'étais sujette à le devenir ! Maintenant, je sais aussi pourquoi je me suis inventé des histoires. Non, je ne suis pas malade ni mythomane. Mais j'ai voulu vivre *une autre vie, un autre personnage*, pour évacuer les problèmes familiaux (pourtant non apparents). Je suis de tendance sado-maso, car faire usage de drogues dures en sachant que ça fait du bien, mais aussi du mal, ce n'est pas sain ! Je suis contente d'avoir lu ce bouquin, car cela va m'aider et faciliter la tâche à ma psy ! »

Bien que Christine soit tout à fait profane en psychologie, elle fait l'hypothèse que son propre profil, sa fragilité intérieure, la prédisposaient à rencontrer sur sa route le problème de la drogue.

Au fil des jours, s'opère en elle un vrai travail de reconstruction qui lui donne une autre philosophie de la vie et un nouveau regard sur elle-même, plus positif et plus mature. Et elle s'écrie : « Putain, qu'est-ce que ça fait du bien de renaître ! Je crois que la vie vaut la peine d'être vécue si on la vit à plein ! J'ai repris confiance en moi et cette fois pour la vie. Je veux être *Christine*. »

Elle découvre les petits bonheurs quotidiens : « C'est la première fois que je trouve que la vie est belle avec un ciel gris comme celui que l'on a ! Pour moi, il règne un soleil magnifique. »

Le 7 mars, elle proclame : « Aujourd'hui est un nouveau

jour et je vais en direction d'une autre dimension, *la mienne* ! Quand je serai active, peut-être que je retrouverai confiance en moi et serai assez bien dans ma peau pour n'attirer que du positif (amis, condition mentale, etc.). Mais jusque-là, est-ce que ça va continuer ? »

Et une fois de plus elle doute : « Oui si je veux et non si je ne veux pas ! Seulement je ne sais pas ce que je veux ! Du moins si ! Des vacances ! Je veux m'oxygéner. Oups, je vais repartir comme une fusée ! »

Une feuille volante incluse dans le *Jardin secret* de Christine est intitulée : « Analyse de mes écrits ». Elle tente d'y faire le point. Comme pour des plans cinématographiques, elle numérote ses observations.

« 1. J'ai décidé d'écrire pour exorciser, pour faire une thérapie de mon mal, c'est-à-dire pour comprendre le *pourquoi* de la came et comprendre les raisons pour lesquelles je me raconte des histoires. (Ma mythomanie !)

« QUESTION : Suis-je débile ou sado-maso ?

« 2. Je regrette d'avoir touché à la came et je pense que j'ai tendance à dramatiser !

« 3. Pourquoi avais-je envie de me détruire, alors que j'avais une vie des plus heureuses ? Peut-être par ennui car j'ai beaucoup d'imagination, et parce que je voulais vivre dans la peau de personnages différents de ceux qui m'entouraient. (J'avais déjà envie de rencontrer un psychologue !)

« 4. C'est dur de ne pas choisir la facilité et de se battre ! J'ai besoin d'amis mais je n'en ai pas car je les détruis ! J'ai vécu avec un gars, Damien, qui me détruisait, car avant lui j'étais forte et à son contact je me suis sentie minable et je le suis devenue ! Je suis excessive et beaucoup trop impatiente !

« 5. Je ne sais pas ce que je veux. Il me manque quelque chose pour me sortir de cette merde ! Je ne me prends pas en main, je n'assure pas. Le passage est difficile !

« 6. Les mots "je me dégoûte" reviennent trop souvent, je voudrais bien me trouver des qualités !

« 7. J'affirme souvent : "Il me manque un élément pour comprendre comment faire". J'ai besoin de parler.

« 8. RETOUR : J'ai retrouvé ambition, goût de vivre et volonté de réussir !

« J'ai compris que j'étais trop négative, fainéante et peureuse. Je me sens prête à me prendre en main. (Boulot, appart., etc.)

« 9. et 10. Rechute.

« La raison, c'est que Damien m'a laissée tomber ! Il m'a remis le doute sur mes qualités, donc *retour à la came*. J'avais peur de le quitter. Je me sens seule ! Je me renferme sur moi-même et je recommence à me trouver des excuses. J'ai peut-être un problème de personnalité, je suis perdue dans tous mes personnages imaginaires et je n'arrive plus à ne plus mentir ! »

Décidément, Christine est un juge impitoyable pour elle-même !

Le carnet de Christine

Je me sens triste, sans forces et nulle...

Christine

Du 5 au 15 juin, Christine délaisse son journal pour écrire sur une feuille de papier puis sur un petit carnet. Beaucoup de pages de ce carnet resteront blanches.

Le 15 juin à dix-neuf heures, elle relate les événements récents de sa vie. Si, au début de l'année, elle s'est inscrite au permis de conduire, a fait des démarches pour trouver du travail et « téléphoné pour des tas de stages », au fil du temps ses bonnes résolutions se sont envolées. Elle dit avoir « volé » la voiture de sa mère, (Dolorès se rapelle lui avoir donné les clés, mais c'est Christine qui utilise ce verbe), elle se dit « endettée et accro ». Damien est donc en prison et Christine vient d'être arrêtée pour avoir volé des chéquiers et émis des chèques « pour cher : bijouteries, fringues, etc. ». Elle a été condamnée à six mois de prison avec sursis. « Alors maintenant, à carreau ! » écrit-elle.

Depuis la fin du mois de mai, elle vit chez l'homme qui l'a hébergée. « C'est un Tzigane, il a trente-sept ans, il m'aime à la folie et il veut se marier avec moi. » Parfois, elle fait semblant de croire à ce rêve : « Je l'aime énormément, et peut-être pourrons-nous faire notre vie ensemble avec sa fille. »

Mais quelques lignes plus loin, le même jour, elle se contredit sans en paraître très gênée : « Je crois que je ferai ma vie seule, sans cet homme qui m'aide, je veux avoir un appartement à moi, un boulot. »

Pour le moment, l'ami la surveille de très près et à tous les instants. Alors, même si elle en meurt d'envie, « la came, ce n'est plus possible ! » écrit-elle. « J'avoue que j'ai parfois envie d'en reprendre une dose mais, grâce à la surveillance, je ne peux pas. *Je me donne un mois* pour aller mieux, je ne prends plus de cachets. »

La décision est prise et il faut maintenant se tourner vers l'avenir. Il faut oublier la drogue et aussi Damien. « Il fera partie du passé, décide-t-elle. J'ai besoin de faire le passage de la galère de mon adolescence à la vie adulte, je dois devenir responsable. Je vais m'assumer. » Elle veut, dit-elle, « retrouver la dignité et la fierté ».

Quelques jours plus tard, elle a vu Arnaud, l'ami de Dolorès, et elle a beaucoup pleuré car il l'a obligée à parler, et cela lui a fait du bien : « Il m'a fait faire une dépression pour que je me vide et recommence à zéro. »

Elle a des projets, elle a pris rendez-vous pour le lundi suivant avec un psychologue. Elle espère beaucoup : « Il va m'aider à comprendre pourquoi j'ai voulu toucher à cette merde de came et pourquoi j'ai peur de passer le cap — de ma vie de paumée à la vraie vie de tout le monde. »

Elle note : « J'ai toujours aimé la littérature, l'écriture, la création et j'ai envie d'écrire un scénario qui se trouvera sur une bande caméra pour mon anniversaire et qui prouvera à maman et Arnaud que *je ferai ce que j'ai dit.*

« Dans tous les cas, c'est décidé, la came c'est bien fini. *Je ne retomberai pas dans son piège.* Peut-être, quelquefois, un pétard ou une bonne cuite, mais je veux reprendre goût aux choses de la vie ! »

Si je t'avais connue et si tu m'avais parlé ainsi, Christine, je t'aurais dit : « Non, non, même pas un pétard, Christine, mets une croix sur tout ça, sur tout ! C'est mieux pour toi ! » Mais je ne te connaissais pas encore !

Dans le petit carnet, Christine déplore elle-même son incapacité à renoncer aux gestes du passé : « Malheureusement, j'ai toujours besoin de fumer un pétard le soir pour dormir (ou pour autre chose). Là, pour écrire ça, j'ai tout de même jeté le pétard par la fenêtre. Peut-être que cette fois-ci, je veux réellement m'en sortir et que ce n'est pas du baratin. »

Comme Christine se méfie d'elle-même, et comme elle a raison !

À cette époque du carnet, Christine analyse tous les sentiments qui l'agitent. Elle parle de sa peur : « Pas la peur d'aller chercher de la came, bien sûr, mais peur de tout ! Je n'arrive pas à préciser ce *tout.* »

Le 12 juin, alors qu'elle est hébergée chez sa grand-mère, elle raconte : « J'ai mis un sac derrière la porte car il n'y a pas de verrou. J'ai peur... de quoi ? Je n'en sais rien. »

Elle essaie de préciser un peu les raisons qui lui font

craindre l'avenir : « J'ai envie d'être une femme mais j'ai peur de ne pas être à la hauteur ! »

Elle note aussi ses accès de spleen : « Le soir, j'ai souvent le cafard. Oh ! Pas de reprendre de la drogue, mais de comprendre et de ressasser les événements qui m'ont poussée à me détruire. J'ai envie de trop de choses et je n'ai pas la patience d'attendre. »

La vie de tout le monde, la vie « normale », lui semble calme, trop calme peut-être. Chez sa grand-mère, elle a un avant-goût d'une vie sereine, sans histoires. Elle écrit : « Je me suis levée à six heures, je n'arrivais plus à dormir et en plus j'avais mal partout, comme si j'avais pris de la came la veille. C'est une souffrance difficile à endurer, mais ce n'est qu'un passage. Je suis allée acheter des croissants, on aurait dit que le monde s'était écroulé autour de moi, ce matin ! Il n'y avait pas un chat, les trottoirs étaient mouillés de l'orage de la veille. Il y avait de la fumée qui sortait des bouches d'égout et la terre grognait sous mes pieds (le métro). Quand je suis rentrée, mémé était levée, mais comme elle se sentait un peu malade, elle est allée se recoucher. J'ai déjeuné devant la télé (pas fort), le café était atroce (Ricoré !). Mais je n'arrivais pas à traînailler comme je le fais d'habitude pendant une demi-heure au moins devant la télé, je me sentais mal. Je suis retournée dans ma chambre et me suis assoupie vers huit heures trente. À dix heures trente, c'est mémé qui me réveille en frappant à ma porte. Elle voulait m'offrir un appareil photo. C'est marrant, parce que ce matin, juste avant de me rendormir, je pensais justement que j'aimerais en avoir un ! J'aurais pu prendre une photo de ma chambre ! On dirait de la magie ! » Christine découvre les bienfaits de la pensée positive !

Le 12 juin, jour de « l'arrivée chez mémé », elle va au restaurant, où elle revoit « tout le monde ». Personne ne lui pose de questions. À propos de ce repas, elle écrit : « J'ai l'impression que j'étais hors de tout le monde à table. C'est-à-dire hors de mon corps, et j'écoutais et rien ne me touchait, ni les conversations ni les gens. »

Où est donc Christine en esprit ? Peut-être avec Damien, en dépit de ses bonnes résolutions !

En effet, ce même soir du 12 juin, elle note : « J'ai envie d'écrire à Damien. D'ailleurs, à chaque fois que je suis seule, à croire que j'ai besoin de lui, j'ai l'impression que son fantôme est là. Le seul qui pourrait me motiver, c'est lui. »

Le 13 juin, elle persiste et signe : « J'ai envie d'écrire à Damien. Il me manque. Il représentait un symbole de la facilité et l'amour. »

Alors Christine s'arrange pour que ça bouge ; l'intermède chez sa grand-mère est de courte durée puisque le 15 juin elle écrit : « Mémé m'a foutue à la porte, ça y est. »

Puis : « Qu'est-ce que je vais devenir ? J'ai peur de replonger. Je le sens trop proche. Je le sens mal. Damien me manque. Je n'ai plus de force, plus d'envie, je vais tout foutre en l'air. Je ne me sens pas bien. »

C'est le manque... De quoi ? De la dope ? De Damien ? De Damien *et* de la dope ?

Actuellement, elle le reconnaît, elle force un peu trop

sur le joint : « Je fume trop de shit. Ce n'est pas bon, car j'en fume aussi dans la journée, et je ne le sens plus. Je vais repartir. »

Tout lui est égal : « Je crois que je préfère faire de la prison ferme plutôt que de m'en sortir... La prison ou le sursis ne me font pas peur. Je préfère, ce serait plus facile. De toute façon, je n'ai plus envie de rien et je me fous de tout. J'ai envie d'errer comme une clodo sans plus rien avoir à foutre, ou encore de rester en prison toute ma vie. Je n'ai plus envie de m'en sortir. C'est trop dur, je me sens perdue. On dirait que ça fait une éternité que j'ai arrêté mais en même temps cela me semble proche. Je n'y arriverai pas, c'est sûr ! »

Et elle lance un appel au secours :

« J'ai besoin de quelqu'un. Mais pas d'un chien qui me suive comme mon ombre. De sentir quelqu'un près de moi tous les jours. Quand je le désire. »

Christine, même si elle déclare : « Il faudrait que je me ressaisisse », n'a plus ni la force ni même le désir de se battre.

À la fin de son carnet, elle écrit : « J'aimerais être dans le Sud, à Narbonne, mais il ne faut pas mettre la charrue avant les bœufs ! »

Après la date du 15 juin, elle n'écrira plus rien. Elle n'ouvrira son second cahier qu'en septembre 1993.

Grâce à Dolorès, j'ai pu reconstituer ce qu'a été la vie de Christine pendant cet été 1993 où elle n'a pas tenu de journal.

Au mois de juin, Christine avait écrit qu'elle était tombée très bas ; elle venait alors de se séparer de Damien et, dit Dolorès, « pour avoir de l'argent, elle avait volé un chéquier et des papiers d'identité pour acheter des bijoux qu'elle avait revendus ».

Sa mère n'avait plus aucune nouvelle d'elle et l'avait cherchée partout. Un jour elle reçut un coup de téléphone de la prison de Beauvais : la juge voulait savoir si Dolorès était d'accord pour héberger sa fille car, « Christine étant majeure, sa situation nécessitait la désignation d'un tuteur pour lui éviter la prison ».

Dolorès dit combien elle est alors « soulagée » de savoir où est sa fille, même si elle est incarcérée, car, dit-elle, « j'avais enfin le contact ! » Elle raconte :

« Je suis allée la chercher immédiatement. Elle était dans un état lamentable. Elle était en état de manque depuis une semaine et les médecins de la prison, où elle n'est restée qu'une nuit, lui avaient administré des calmants. Dans son délire, elle m'a demandé d'aller voir un psychologue. Elle en avait assez et voulait tout arrêter. De retour à la maison, elle a dormi jusqu'au lendemain. Je suis allée faire quelques courses mais je suis revenue rapidement car j'avais un pressentiment. En effet, elle s'était sauvée et avait emporté ma chaîne hi-fi et ma télévision, pour les revendre sans doute ! Heureusement, Vincent [le petit frère], qui l'avait aidée sans comprendre, m'a indiqué l'endroit où elle les avait cachées avant que Damien n'arrive. J'ai ainsi pu tout récupérer.

« Elle m'a appelée en s'excusant, elle pleurait. Je lui ai demandé de venir à la maison pour discuter. Elle m'a rendu les clés de ma voiture. Nous avons beaucoup parlé. Elle m'a demandé de la déposer à Paris, où elle disait avoir rendez-vous avec une amie.

« Je n'avais pas le choix, continue Dolorès, ou bien je gardais le contact en lui promettant de l'aider et en essayant de l'empêcher de faire des bêtises, ou bien elle se braquait et je ne la revoyais plus ! »

Comme il est difficile, parfois, le rôle des parents !

Dolorès choisit donc de rester en relation avec sa fille. Quelques jours plus tard, Christine téléphone à sa mère pour lui dire qu'elle est « chez un ami à Villejuif » et Dolorès, en la faisant parler, lui en extorque l'adresse : l'« ami » en question est le Tzigane « amoureux fou d'elle » dont elle parle dans son carnet.

« Il avait dû, écrit Dolorès, la ramasser à Paris, et pour des raisons obscures il l'empêchait de sortir. »

Il voulait seulement la tirer de la drogue, et pour y parvenir il employait la manière forte : une surveillance de tous les instants, la séquestration et pour conclure le mariage. Et fini les folies ! Je ne pense pas que Christine, si éprise de liberté, ait pu raisonnablement envisager un tel programme !

« Mais à ce moment-là, dit sa mère, elle ne se rendait compte de rien, tout ce qui la préoccupait c'était la drogue ! »

Pour la sortir de ce piège et pour l'emmener voir un psychologue à l'hôpital Marmottan, Dolorès avait dû faire preuve de beaucoup de patience et parlementer longtemps avec le Tzigane amoureux. Elle avait cependant réussi à ramener sa fille à la maison.

Grâce à ses entretiens avec la psychologue, Christine semblait avoir changé et décidé d'en finir une fois pour toutes avec la came. Elle avait trouvé un appartement dans un foyer à Saint-Ouen, dans le quartier de ses grands-parents, de ses cousins et cousines. Elle avait choisi de vivre loin de chez elle car elle y était trop connue dans le monde de la drogue, et connaissait trop bien elle-même les dealers de son quartier. À ce moment-là, Damien était en prison. Christine cherchait activement un stage et voyait sa mère tous les soirs. Bref, tout semblait s'arranger !

Pas pour longtemps, hélas ! Car Damien est sorti de prison avant d'avoir purgé ses six mois de peine et Christine est déjà au courant. Dolorès, elle, n'en sait rien et continue à regarder l'avenir avec confiance.

Si Christine sait, c'est qu'elle a entretenu une correspondance avec son ami, mais sans rien en dire à sa mère. Avec l'arrivée de Damien s'envolent les bonnes résolutions : Christine abandonne l'appartement, la recherche du stage, et disparaît dans la nature sans plus donner aucune nouvelle d'elle... jusqu'à la mi-juillet ! Et pendant tout ce temps sa mère, folle d'angoisse, la cherche partout !

Un jour, Christine appelle d'une gare dont elle donne le nom. Elle s'apprête à prendre un train avec un homme qu'elle vient de rencontrer.

Dolorès s'arrange pour faire durer la conversation téléphonique. Pendant ce temps, son ami Arnaud enfourche sa moto pour tenter de rattraper la vagabonde... De justesse, il la retrouve, et la ramène de force chez sa mère.

Récapitulant les événements qui se sont déroulés dans cette famille, je me souviens de ceux qui se sont passés chez nous. C'est un peu le cirque, un peu le Far West — on ne nous apprend pas à faire face à de telles situations. Mais comme la vie est parfois un bon professeur ! Et, pour peu que nous aimions et que nous soyons attentifs aux signes, comme nous devenons vite ingénieux ! Comme Dolorès et Arnaud ! Comme Clément et moi !

Cette fois, on décide de mettre des kilomètres entre les deux amis, car Christine elle-même le demande. Dès que possible elle ira dans le Midi ; un ami d'Arnaud y dirige une société et propose de l'embaucher.

À la fin de ce mois de juillet 1993, Christine s'est rapprochée de sa mère.

« Elle venait travailler avec moi, se souvient Dolorès, je

lui apprenais à se servir de l'ordinateur, du tableur, et à répondre au téléphone. »

À la mi-août, c'est enfin le départ vers le Sud. « En un week-end, dit Dolorès, nous avons trouvé son meublé. Christine était heureuse ! Là, elle était dans son élément. »

Et voilà donc Christine loin des tentations, loin de Damien, pleine de bonnes résolutions et prête à recommencer une nouvelle vie ! Dolorès raconte :

« Elle avait son appartement et ses animaux, elle se refaisait une santé. Elle avait pris du poids. Elle redevenait elle-même. Elle voulait à nouveau séduire. Elle avait rencontré de nouveaux amis et j'avais le contact avec eux et avec sa voisine au cas où ! Je venais la voir, tout allait bien. J'étais enfin soulagée. J'ai été trop confiante ! »

Le second cahier de Christine

Septembre 1993

J'ai envie de craquer et d'en reprendre en me disant que ce sera juste de temps en temps...

Christine

Depuis qu'elle est dans le Midi, Christine a une mobylette qu'elle appelle « ma bécane » et elle redécouvre les plaisirs simples, les petits bonheurs de la vie.

Le 20 septembre 1993, elle a envie d'être seule et elle « raconte des mensonges » aux amis avec lesquels elle avait rendez-vous. Elle se reproche son manque de courage et de franchise : « Comme si je ne pouvais pas leur dire que je voulais être seule sur la plage. Je n'ai plus envie de les voir ! »

Il est dix-neuf heures et elle savoure ce moment de paix et de solitude : « Je suis au bord de la mer. Je suis toute seule maintenant sur ce petit bout de plage. Tous les gens qui y étaient sont partis. Je me sens si bien. J'ai envie de profiter de la vie, de *ma* vie ! Que c'est bon d'être là, face à la mer, assise dans le sable, les pieds nus ! Quand je suis arrivée (il y a un mois), en agissant ainsi, j'avais l'impression de faire quelque chose de répréhensible, comme si j'avais peur de me faire du bien. Je sais qu'il faut que je me retrouve un peu seule. Je *veux* vivre seule.

« Du temps où j'avais une voiture, il m'arrivait souvent de m'arrêter sur un chemin de terre bien placé au moment du coucher du soleil et d'attendre en réfléchissant et en écoutant de la musique. Mais je ne bougeais pas, ne sortais pas, ne marchais pas ! Tandis que là, avec ma bécane, je suis obligée de marcher quand je m'arrête.

« Et puis, il y a la mer, et ça c'est super quand on n'a rien à faire, on va au bord de la mer pour penser et bien penser. Penser posément, car il n'y a pas de musique pour t'influencer dans ce que tu penses. »

Au cours de sa méditation au bord de la mer, elle prend de sages résolutions.

« J'étais là, allongée sur le sable, et en réfléchissant j'en suis venue à la conclusion suivante : pour tout oublier et bien repartir, il faudrait que j'arrive à me dire : *c'est comme ça, un point c'est tout* ! ! ! »

C'est dit et même proclamé avec trois points d'exclamation. Mais ce n'est pas si simple ! Bien sûr, il faudrait ne pas s'appesantir sur le passé et aller de l'avant, mais Christine ne peut pas s'empêcher de penser à Damien et à la came, à la came et à Damien.

Le 14 septembre, elle écrit :

« Je suis assise dans mon canapé et je ne suis pas bien !

Je suis ici depuis le 15 août, cela va donc faire un mois que j'ai arrêté la came.

« Je tourne, je pense, je m'embête avec les gens. J'ai envie de craquer et d'en reprendre en me disant que ce sera juste *de temps en temps*. C'est toujours comme ça, à chaque fois que j'ai voulu arrêter, au bout d'un mois j'avais de gros relents qui me faisaient mal. Je pense beaucoup à Damien. J'ai envie de le voir ou de lui écrire. Il me manque beaucoup. Lui, apparemment, il a réussi à m'oublier ! Pourtant, vu que lui aussi m'aimait autant que moi, je n'arrive pas à croire qu'il a pu réussir à m'oublier, comme ça, hop ! Il a dû se dire que c'était la vie, c'est tout, puis se faire une raison !

« Je sais que si j'ai envie de le revoir, ce n'est que de l'intérêt, car déjà il y a la came qui me travaille, et je sais qu'il n'y a que Damien qui se défoncerait avec moi et en plus entrerait dans mes délires car on se connaît par cœur. Je repense à tous les délires que l'on a fait ensemble et il y en a un paquet sur deux ans. Putain, il me manque ! »

Elle analyse donc fort bien ces deux « manques », le manque de Damien et le manque de la came, et les relie avec beaucoup de lucidité : quand elle traverse une période où elle a très envie de replonger, elle pense à Damien, et inversement, quand elle regrette d'être loin de lui, elle se sent beaucoup plus vulnérable en dépit de ses bonnes résolutions. Christine me semble très honnête dans son analyse. Elle sait très bien qu'au fond elle regrette cet *hier* dans lequel elle vivait intensément. Le présent est certes beaucoup plus tranquille (les petits bonheurs...) mais sans doute trop pour elle. Penser à Damien et téléphoner à Olivier, leur ami commun, pour « avoir des nouvelles de là-bas », c'est encore une manière de ne pas couper le cordon avec le passé.

« Peut-être parce que, dans mon inconscient, je sais que je vais y arriver, et j'ai peur de me retrouver uniquement avec le présent et bientôt le futur ! »

Nostalgie, nostalgie !

Il faut reconnaître que, en dehors même de la drogue, Damien possède un certain nombre d'atouts qui séduisent Christine : « D'abord, il est très beau. Et au lit, il est parfait, et comme il me connaît il sait quoi faire pour que je craque. »

Pourtant, elle n'élimine pas du tout l'éventualité d'une autre rencontre amoureuse, mais elle y met tellement de conditions que celle-ci a fort peu de chances de se réaliser.

« Il faudrait un mec qui soit physiquement comme Damien ou du moins qu'il s'en rapproche, qu'il ait une intelligence du type à Damien ! Il devra être terrible dans sa tête et sérieux. Il aura de la force de caractère, de la patience et de l'humour.

« Il faudra qu'il ait vécu pratiquement la même chose que moi au moins au niveau de la came sinon on n'arrivera jamais à échanger des trucs profonds. Mais il faut qu'il ait arrêté depuis un bout de temps. »

J'ai parfois entendu des discours semblables sur la nécessité de vivre l'expérience pour mieux comprendre l'autre : Laura, l'amie de mon fils, m'a avoué un jour qu'elle était entrée dans l'héroïne pour comprendre Ludovic « de l'intérieur ». « Idiote, va ! » avais-je dit pour tout commentaire !

La petite Christine pense qu'elle n'est pas encore prête à rencontrer l'oiseau rare, et qu'il va lui falloir se prendre en main sérieusement car : « Moi, je ne suis pas belle. J'ai vachement grossi, au moins dix kilos en un mois, alors qu'avant j'étais super belle ! Mais j'ai l'intention de faire du sport à fond avec régime et arrêt clopes ! »

Parallèlement, Christine a des projets, le cinéma toujours : « Il faut que je la réussisse cette école de cinéma. Je vais me documenter dans tous les bouquins de ciné et films. Je serai la meilleure. »

Maintenant qu'elle a sa « bécane », cela lui permet de se déplacer, et de fuir parfois la compagnie de ceux qu'elle a rencontrés quand elle est arrivée dans le Midi et qui maintenant ne l'intéressent plus autant. Pourquoi ?

« Disons que lorsque je suis arrivée, j'étais dans un état dans ma tête qui était nul, vide, sans vie. En attente de quelque chose... Alors que maintenant, je veux arriver à quelque chose, être quelqu'un. »

Son passé dans la drogue, elle doit l'intégrer pour évoluer, il lui faut « profiter de cette expérience pour avancer » bien que ce soit une expérience douloureuse : « Je pense que je ne pourrais pas aller plus bas que là où je suis allée. Mon corps ne le voudrait pas ni ma tête... Si je devais y retourner ce serait à mort, *le voyage sans retour*. Je crois que je m'aime trop pour ça. »

Christine pouvait parfois avoir des prémonitions fulgurantes, mais hélas elle ne s'aimait pas encore assez !

Toujours décidée à se tourner vers l'avenir, et consciente du danger que représentent pour elle et Damien et la came, mais cependant incapable d'enrayer ses rêveries, Christine les justifie par une démonstration des plus nébuleuses dans laquelle elle s'empêtre :

« Je pensais à ça parce que je pensais à Damien ! C'est comme tous ceux que je connais : ils me disent tous qu'il ne faut pas vivre dans le passé sinon on ne s'en sort plus !

« Mais moi, je suis trop sensible, je crois ; je n'arrive pas à oublier un moment de ma vie, toc ! en claquant des doigts. Je vis ces moments à fond, moi, et quand je ressens quelque chose c'est à cent pour cent, et après j'agis. Je dois être trop *extrême*, il me faudrait connaître le *juste milieu de tout*. Seulement si je le connais, ce juste milieu, je ne pourrai plus ressentir ce que je fais et je ne pourrai jamais aller au bout de mes expériences.

« D'accord, il n'est peut-être pas nécessaire d'aller jusqu'au bout d'un délire pour comprendre que cela finira mal. On peut l'analyser avant et stopper.

« Oui, répond Christine la folle à Christine la sage, mais seulement on jugera ou on constatera une thèse sans l'avoir vécue, et ça ce n'est pas correct, car on n'arrivera jamais à la transcrire dans le vrai contexte. »

Sous la forme d'un dialogue avec un interlocuteur invisible — un autre aspect de la personnalité de Christine, sans doute son côté raisonnable —, la discussion continue. Et elle arrive enfin au cœur du problème pour tenter de trouver des explications valables à son envie de replonger dans la drogue :

« C'est-à-dire que, par exemple, en parlant de la came, si je m'étais arrêtée à mi-chemin pour analyser le pour et le contre, je n'aurais jamais pu analyser le vrai *pour* et le vrai *contre*, ça n'aurait été que superficiel car j'aurais imaginé les sensations produites par rapport aux autres, et les autres, c'est pas toi !

« Ouais, c'est peut-être un peu trop extrême, mais en tout cas moi j'estime que ce n'est pas si idiot que ça, ce que je dis. Et pas seulement parce que je vois les choses comme ça. Bon, d'accord, concède-t-elle, il doit y avoir un juste milieu, mais je ne le vois pas. En tout cas pas encore ! »

Après ce constat, la page se termine par un aveu difficile et par une capitulation. Christine est en manque... et elle le reconnaît. En manque de came et en manque de Damien. Elle écrit :

« Je suis là, à dix heures et demie du soir, dans un café à boire une bière et j'ai l'impression que je ne me sens pas bien. J'ai envie d'être défoncée, mais défoncée à la came. Je pense énormément à Damien, il me manque tellement ! Je pense que je serais parfaitement bien dans le délire de la came, je pourrais me parler dans ma tête et penser à fond aux bonnes choses que j'ai faites avec Damien. »

Un sursaut de lucidité et elle conclut tristement : « Mais au fait, quelles bonnes choses ? Serais-je capable d'évoquer un seul bon souvenir avec lui sans penser à la came ? »

Le 22 septembre, elle s'est « tirée du boulot », comme elle le dit, pour se rendre à la plage et « tenter de bronzer ». « Mission impossible », dit-elle avec humour et dépit !

(« C'est vrai, commente Dolorès en souriant à la lecture de ces lignes, elle avait, contrairement à moi, un teint pâle qui la désespérait ! »)

Elle a donc profité de l'absence des deux responsables pour s'éclipser et elle trouve son attitude « dégoûtante, assez lâche », car, dit-elle, « je choisis la solution de facilité en n'allant pas jusqu'au bout de mon expérience. Même si ce boulot ne me plaît pas, il faut tout de même que j'arrive à accepter qu'on est parfois obligé de passer par des choses que l'on n'aime pas pour acquérir l'expérience qui permettra d'accéder "au top" ! Mais, ajoute-t-elle, j'en avais marre, mais alors vraiment marre. »

Christine a toujours du mal à vivre l'instant, à assumer le quotidien. Elle se le reproche parfois mais elle n'y peut rien ! « Eh bien ! moi je n'y arrive pas encore, et puis même je n'ai pas envie d'y arriver ! Tout simplement parce que je pense encore trop au "top" de la came et à mon passé. »

Ça, c'est un aveu d'échec. Mais la justification arrive :

« J'ai besoin d'en savoir plus avant de tout lâcher. Pas d'en *savoir plus* dans le sens où il faudrait que j'y retouche pour savoir, mais dans le sens qu'il y a dans ma tête encore trop de choses qui ne sont pas comprises avant que j'y mette un point final. Parce que là, pour l'instant, j'essaye d'avancer sur ce que me disent les gens qui veulent m'aider, seulement c'est des bases à eux et non les bases de *ma* logique après ce que j'ai connu. »

Ici, il me semble que Christine exprime quelque chose de très important. Si un toxicomane n'a pas en lui le désir profond de s'en sortir, s'il se désintoxique par peur de retourner en prison, ou parce qu'il est sous le coup d'une injonction thérapeutique ou enfin pour faire plaisir à ses proches, en un mot si la décision ne vient pas *de lui*, s'il ne le fait pas pour lui-même, il replongera.

Et Christine de revenir à son rêve — rencontrer quelqu'un pour se « sentir vivre » :

« J'aurais besoin de rencontrer quelqu'un qui connaisse le délire mais qui ait réussi à arrêter depuis un bout de temps pour m'aider à avancer sur de vraies bases. En même temps il ne faut pas que je rencontre une personne qui ait arrêté mais qui en reprenne de temps à autre, ou qui n'ait pas été comme moi dans le délire de la came, du moins pas jusque là où j'ai été, il me faut quelqu'un qui ait été pareil ou pire que moi, mais qui s'en soit sorti ! »

Pour l'en sortir elle aussi ! Car, bien qu'elle s'en défende, elle a encore, bien sûr, la came dans la tête.

Pour meubler sa solitude, Christine a chez elle plusieurs animaux dont elle doit s'occuper : deux chats et un chien. Elle est obligée de leur apprendre la propreté et de faire leur éducation, ce qui lui permet d'oublier un peu ses propres problèmes.

« Maintenant, je vais garder le chien dans l'appartement, parce qu'il a pris l'habitude de faire ses besoins sur le balcon, et c'est dur à nettoyer ! Quand il sera à l'intérieur, je l'engueulerai chaque fois qu'il n'obéira pas, et au bout d'un moment il va finir par comprendre. Et puis il faut qu'il s'habitue aux chats ! »

Et, bien qu'elle se dise « vraiment fainéante », elle est maintenant obligée de faire le ménage (« la lessive, laver par terre, et la salle de bains, et il faudra que j'achète de l'eau de Javel pour récurer le balcon »). Elle se rend compte que ces gestes du quotidien peuvent aussi faire partie de sa thérapie : « Il faut que je m'occupe de mon chez-moi parce que ça va avec la tête aussi. »

Elle remet souvent la tâche au lendemain car, « comme personne ne vient chez moi, je m'en fous un peu », mais elle décide : « Sûrement, dès que je vais commencer le sport, je ressentirai l'envie de m'occuper de mon chez-moi. Alors dimanche je passe à l'action, je m'occupe des formalités, c'est certain, et puis je ferai le ménage et ensuite je le ferai tous les jours. Je dois être plus soignée si je veux arriver à quelque chose. »

Même si elle pense avoir décroché par rapport à la drogue, elle continue à tricher un peu : « J'ai pris deux Rhohypnol et de la vodka. »

Dans un état second, elle fait parfois des choses dont elle ne se souvient pas par la suite : « J'ai téléphoné à Dou [l'un de ses amis] pour savoir si j'avais fait quelque chose de bizarre, et apparemment il avait l'air surpris d'entendre ma question, donc j'en déduis que je n'ai rien fait d'anormal. »

Le 25 septembre, elle raconte : « J'ai piqué le délire de partir en bécane pour je ne sais quoi. » Alors, « sous l'effet des cachetons », elle fonce à toute allure sur la portière ouverte d'une voiture et « Boum, la dégringolade ! » Elle ne saurait rien de l'incident si on ne lui en avait pas fait le récit : « Cela m'a été raconté par les mecs eux-mêmes, ceux qui étaient dans la voiture. »

Ce n'est que le lendemain, à son réveil, qu'elle s'aperçoit qu'elle n'a pas dormi toute seule !

« En me levant j'ai vu un mec dans mon lit ! J'ai eu peur d'avoir fait une grosse bêtise. Mais il était très cool. Je l'ai réveillé et lui ai demandé qui il était et ce qu'il faisait là ! Il a été très gentil et m'a expliqué l'accident. Du coup, on s'est vus dans la journée avec ses amis. »

C'est ainsi qu'elle fait la connaissance d'un autre groupe de jeunes qu'elle décrit ainsi : « Tous des gens très sérieux, dans le sens où l'un d'eux est à la fac, les autres travaillent et un est dans le sport. Ce sont des jeunes super comme style, et en plus ils ont le sens de l'amitié. Ils vont m'aider pour commencer à avoir des bonnes connaissances et retrouver un équilibre. »

Elle remercie l'accident (car elle est indemne) et la vie aussi, et elle se pose la question de savoir si le destin existe ou n'existe pas !

Avec ses nouveaux amis retrouvés le lendemain, elle « fume un pétard ou deux », et le mardi 28 septembre, à quatorze heures, elle est encore en train de « fumer un pétard ». Elle retrouve rapidement ses anciennes habitudes. Le soir même, à vingt-deux heures, elle note : « Je suis tombée dans mon lit trop défoncée par la bouteille de vodka que je m'étais avalée ! »

Puis elle décide de « s'amuser », et comme elle n'a pas d'argent pour aller en boîte, elle « taxe la voisine de deux cents francs » et elle y arrive « déjà complètement bourrée ».

Là elle rencontre d'autres jeunes, avec lesquels elle va « taper la causette » et fumer, évidemment : « Ils avaient du shit, alors j'ai fumé et leur ai demandé s'ils n'avaient pas un stick à me filer. C'était OK ! On a été dans la caisse pour en rouler un dernier, vu qu'ils étaient sur le point de partir ! Bien sûr, j'ai demandé à le rouler. De là, comme nous continuions à parler, ils n'ont pas fait attention au shit, alors j'ai taxé le bout qu'ils m'avaient filé pour le rouler et je l'ai emporté. »

Et elle retourne danser jusqu'à quatre heures du matin. Le lendemain, après avoir « fumé le dernier pétard », elle se sent « vidée ».

Le soir même, elle rend visite à un ami chez lequel, dit-elle, « j'ai encore pas mal fumé. Il est vingt-deux heures quarante et, bien que je lui aie presque tout fumé, j'ai quand même pensé à en garder un peu pour moi ».

Dans les premières semaines de sa nouvelle vie dans le Midi, et même si elle ne se fait plus de piqûres d'héroïne, Christine n'a pas encore tourné le dos à ce qu'elle appelle son « mauvais passé », ni renoncé définitivement à la drogue ! À mon avis, elle est encore dans l'incohérence de comportement du toxicomane.

En dépit de la persistance de ses mauvaises habitudes, Christine a l'impression qu'elle avance ! Elle dit qu'elle commence à comprendre « quelque chose qui est indispensable » pour elle, et elle pense « avoir franchi un cap ».

« Il me semble que j'ai grandi, écrit-elle, parce que jusqu'à maintenant j'ai toujours eu besoin de quelqu'un pour m'entretenir alors que là, maintenant, je dois m'assumer vraiment seule. Je me rends compte que je deviens une vraie célibataire et que j'arrive à très bien vivre ainsi ! »

Mais gère-t-elle vraiment sa vie, organise-t-elle réellement sa solitude ? Parfois, Christine la rebelle a peur de devenir trop sage et se met en garde elle-même contre ses nouvelles dispositions d'esprit : « J'ai peur de devenir docile. Avec la vie bien sûr ! »

Le 30 septembre, après avoir encore « pas mal fumé », elle décide de faire le point sur sa vie actuelle, s'interroge sur sa fuite en avant, et prend de bonnes résolutions : « J'ai réalisé qu'il ne faut pas que je me complexe sur mon corps et que j'essaye de me faire des mecs pour me sentir mieux dans ma tête. Je suis un peu grosse mais pas tant que ça ! Il y en a de pires que moi et elles se font des mecs quand même ! »

Et puis passe le mois d'octobre, au cours duquel Christine n'écrit plus rien dans son journal. Mais elle se raconte un peu (si peu !) dans ses lettres à Dolorès.

Octobre 1993

Même si elle n'écrit rien dans son *Jardin secret*, Christine continue à envoyer à sa mère et à Vincent, son petit frère, des lettres « très tendres », comme le dit Dolorès. J'en ai retrouvé une, destinée à Vincent :

« Alors, champion, j'espère que tu fais honneur à ta sœur adorée et que tu lui as ramené quelques zéros de l'école ! Si tu veux être éboueur tu n'as pas besoin du bac ! [En réalité, Vincent travaille bien en classe et Christine en est très fière.]

« Comment vas-tu, mec ? Je sais que tu t'occupes bien de maman ! Excuse-moi pour la carte postale mais ce sera pour quand j'aurai le temps. Je suis sûre que ça te fait bizarre d'avoir une lettre aujourd'hui. Si tu en as envie, tu peux m'écrire toi aussi, après tout tu as bientôt dix ans, et dix ans c'est grand !

« Pour faire réparer ton vélo, il suffit que tu ailles en

ville, et que tu achètes des rustines dans un magasin de cycles ; si maman a peur de t'y laisser aller, explique-lui que tu es grand maintenant et que, pour grandir encore un peu, tu dois savoir te débrouiller tout seul ! Dis-lui que moi, à dix ans, je savais aller à l'école toute seule à pied, alors, qu'elle essaye de te faire confiance une fois pour voir ! Il suffit qu'elle t'explique le chemin et qu'elle te dise à quoi tu dois faire attention !

« Tu vas faire du basket, à ce qu'il paraît ? Tu seras un futur champion du ballon, vu que tu promets d'être super grand, au moins 1,90 m. Pour le karaté, continue à en faire, tu verras que tu finiras par aimer ce sport, parce que c'est le mieux pour être très fort dans sa tête et ça, crois-en mon expérience, il faut être très fort dans sa tête pour ne pas avoir de problèmes dans la vie...

« Ici il fait très beau, mais il pleut quand même de temps en temps.

« Bon, j'espère que tu vas continuer à bien travailler parce que si tu veux être pilote (ou sportif, ou scientifique) il faut être le meilleur ! Et les autres, même s'ils sont bons, ils ont du mal à y arriver !

« Bon courage, champion. Fais plein de gros bisous à maman et à Lola [c'est la petite chatte], et occupe-toi bien d'elles. Je compte sur toi, c'est toi le chef de famille maintenant.

« Gros bisous bien baveux !

« Ta KIKI qui pense *énormément* à toi. »

À Dolorès, elle fait aussi des « bisous baveux » et elle dit qu'elle pense à elle. Elle écrit :

« Pour moi, je vais de mieux en mieux dans ma tête et je t'envoie un peu du soleil d'ici. Toi, je t'adore ! »

Voilà tout ce que j'ai pu retrouver des écrits de Christine pendant ce mois d'octobre. J'y vois son affection pour sa mère et son frère, mais je devine aussi ses efforts pour paraître enjouée tant elle me semble forcer le ton : pour éviter de parler d'elle, elle va jusqu'à donner à Dolorès des conseils pour l'éducation de Vincent !... En fait, elle tente de la rassurer et de la persuader que tout va bien. Mais je pense que sa mère n'a pas été dupe, puisqu'elle surveillait de loin la suite des événements.

Novembre 1993

Je me sens plus responsable, plus femme et plus mûre...

Christine

Christine ne reprend son cahier que le 11 novembre 1993, et c'est pour lui annoncer :

« J'ai eu très peur. Damien est arrivé depuis quatre jours et a encore fait une crise. »

Déjà, deux jours auparavant, « il était sous cachets » et il avait voulu se tuer. Elle était seule pour le retenir et ç'avait été très dur, car « faut me croire, il est costaud », écrit-elle.

Spectatrice du délire de Damien, elle s'était laissé gagner par sa violence : « À un moment, j'avais envie de le tuer moi-même. »

La scène du 11 novembre a été terrible et traumatisante pour elle, à la fois « différente et pire » que la précédente, car bien que Damien n'ait pas pris de cachets, « il délirait quand même ».

« Il s'est mis tout à coup à tourner sur lui-même et il est tombé net à terre. Il était en train d'étouffer, ses muscles étaient tétanisés. Puis, après lui avoir mis des claques, l'avoir assis car il vomissait (j'avais peur qu'il s'étrangle), je lui ai mis de l'eau sur le visage. Enfin, il a repris ses esprits, mais il était ailleurs, comme s'il était dans la quatrième dimension. Il se battait avec des gens qui n'existaient pas. Il frappait le vent. Puis, tout à coup, il m'a regardée avec des yeux de fou, et je pense que je n'ai jamais vu des yeux comme ça. Il essayait de parler mais je ne comprenais rien. Il parlait bébé. Puis il a pris le fer à repasser et voulait me tuer avec. »

Le réalisme de cette scène me fait trembler tout entière. Il fait résonner en moi le souvenir de scènes semblables, celle en particulier où mon fils Ludovic poursuivait son amie Laura en hurlant : « Je vais te tuer ! » Laura échevelée s'était enfuie en dévalant à toute allure les escaliers de l'immeuble et était tombée des nues quand des voisins compatissants lui avaient proposé leur aide. De quel droit « ces gens-là » osaient-ils donc ainsi se mêler de ses problèmes de couple ?

Mon Dieu, que c'est dur la drogue ! Christine, où est-il ton amour pour Damien ? Et toi Ludovic, mon fils, mon bel enfant, vois ce que la came peut faire de toi !

Christine, qui n'avait pas le téléphone, avait pris peur et s'était sauvée en sonnant à toutes les portes. Les voisins étaient alors venus l'aider à calmer Damien et à le transporter dehors, où, raconte-t-elle : « Il a pris l'air, ça lui a fait reprendre ses esprits, mais il était toujours dans un autre monde. »

Remonté dans l'appartement et couché sur le lit, il avait encore vomi pendant deux heures, « comme de la bile. Les voisins m'ont dit qu'il s'agissait d'une crise de foie ».

Puis il était enfin revenu à lui. « Il continue à vomir, écrit Christine, mais je sens que maintenant il comprend ce qu'on lui dit, comme s'il était tombé dans les pommes pendant trois heures en étant somnambule ! »

Il avait somnolé puis s'était réveillé toutes les dix minutes et Christine, craignant une autre crise, avait pensé qu'elle allait être obligée de le veiller toute la nuit. Elle avait diagnostiqué une maladie mentale : « Ça me fait penser à la schizophrénie. »

Elle avait décidé de parler à Damien dès qu'il serait en état de comprendre ce qu'elle voulait lui dire : « Dans deux jours, je lui expliquerai qu'il a besoin de soins, pas d'être enfermé dans un centre mais juste de passer des visites médicales. Dès que j'ai des tunes j'achète un bouquin comme celui d'Olievenstein mais sur la schizophrénie. »

Le samedi 13 novembre, pour la dernière fois, Christine se confie à son journal. Avec l'aide de l'ANPE elle a, écrit-elle, « peut-être trouvé du travail comme serveuse ou réceptionniste ».

Damien est là sur le fauteuil à regarder la télé, et Christine, assise sur le lit, médite tout en écoutant la musique de son Walkman. Elle relit tout ce qu'elle a écrit dans son journal depuis son arrivée dans le Midi.

Elle se rend compte des progrès qu'elle a réalisés et de tout ce qui la sépare désormais de Damien, après ces trois mois de séparation :

« Je ressens la différence qu'il y a entre nous. Moi, je ne suis plus fainéante, je fais le ménage à fond tous les jours sans que ça me dérange. Je me sens plus disponible et plus mûre. Je me sens tellement plus femme et plus responsable qu'au début. Je marche beaucoup sans que ça me dérange. Je ne suis plus *speed*. Je suis plus sûre de moi, dans le sens où plus rien ne pourra me toucher. J'ai une véritable carapace qui se forme autour de moi. J'ai vachement avancé, je ne bois plus, ne fume plus de shit. Je me sens pousser des ailes. Des fois, j'ai l'impression de ressembler à un moine bouddhiste. Je crois que mes origines vietnamiennes sont plus fortes que toutes les autres races que j'ai en moi. »

Elle a réellement changé : à l'extérieur, « c'est bientôt parfait, en ce qui concerne le ménage et mon hygiène personnelle ».

Dans sa vie c'est mieux aussi, car elle a maintenant renoncé à tricher avec elle-même comme elle le faisait constamment autrefois : « En disant que je veux y arriver dans la vie, je ne me mens plus. Je sais mieux ce que je veux faire de ma vie, comment je veux la vivre, quelles gens j'aimerais rencontrer, quelle mentalité je veux acquérir. Disons que l'évolution s'est faite de la façon suivante : quand je suis arrivée ici, j'étais à l'âge zéro, je ne savais pas qui était en moi. J'ai avancé avec mes petits pas, et toc ! Trois mois après me voici *comme je suis*. OK, il me faut faire attention à ne pas être trop euphorique ! Il faut que je garde mes distances en prévoyant le pire : *la rechute*. Pourtant, je pense que ça va aller. Mais ça, il me faudra encore patienter quelques mois pour le savoir ! Tout comme je peux, aujourd'hui, grâce à mon journal, comparer la fille que je suis devenue aujourd'hui à celle que j'étais quand je suis arrivée ici il y a trois mois, dans quelque temps je saurai si j'ai réussi à gagner mon pari sur la vie ! »

Ce sont les dernières lignes de Christine. C'est fini. Elle n'écrira plus. Et une semaine après ces lignes, elle ne parlera plus jamais. Et tout l'amour du monde, tout l'amour de sa mère, n'aura pas réussi à la sauver !

Les derniers jours

Il a été très difficile pour moi de reconstituer l'emploi du temps de Christine pendant les derniers jours de sa vie. Elle-même ne fournit que peu d'indications dans son journal.

Comment et pourquoi Damien a-t-il resurgi dans sa vie ? Puisqu'elle était décidée à se sortir de ses problèmes, pourquoi Christine a-t-elle accepté de l'accueillir à nouveau chez elle ? Nous possédons peu d'éléments pour tenter de répondre à ces questions, seulement une petite lettre que lui a envoyée Damien, datée du 26 octobre et retrouvée par Dolorès dans les affaires de Christine après sa mort. La voici :

Salut !

Est-ce que je peux venir chez toi pendant un mois ou deux ? J'ai des problèmes avec les keufs [les flics]. *Cette fois-ci, j'ai eu chaud. Si je viens, ce n'est pas avant quinze jours. Réponds-moi vite, c'est urgent.*

Damien

P.S. : Est-ce que je peux téléphoner à ton travail ?

Il n'y a pas beaucoup de tendresse dans ce petit mot. Damien attend simplement que Christine l'héberge pour quelques jours, le temps de se faire un peu oublier de la police. Pourquoi Christine a-t-elle accepté de l'aider ? Peut-être par compassion pour son ami. Peut-être par fidélité au passé... Peut-être enfin voulait-elle voir si elle éprouvait encore de l'amour pour lui ou si elle s'en était réellement détachée.

Quelle qu'en soit la raison, elle accepte, puisque le dimanche 7 novembre Damien arrive chez elle. Et tout devient immédiatement très compliqué.

Le mardi 9 novembre il fait une première tentative de suicide.

Le jeudi 11 novembre, il a, chez Christine, la crise terrible qu'elle raconte en détail. Le soir de ce même jour, Christine envoie à sa mère une lettre qui se veut rassurante. Elle y affecte un ton léger :

« Pour Damien, ne t'inquiète pas, je pense à ma petite gueule d'amour en premier ! Pour l'instant, il est dans la phase où j'étais quand je t'ai appelée pour te dire que j'avais envie de me suicider. Lui, il a fait une tentative il y a deux jours. Maintenant, il commence à se rendre compte qu'il doit apprendre à vivre et à découvrir les belles choses de la vie ! »

Et elle termine sa lettre ainsi : « Je vous embrasse tous les deux très, très fort. Votre Kiki qui vous adore. »

Le samedi 13 novembre, Damien est toujours chez elle, à regarder la télé. Christine, qui s'est sentie dépassée, a décidé de se faire installer le téléphone. C'est le numéro qu'elle me communiquera quelques jours plus tard, le mercredi 17 novembre.

Ce même samedi 13 novembre, une amie de Christine (avec laquelle sa mère est en relation afin d'être immédiatement prévenue en cas de problème) appelle Dolorès pour l'informer que Damien est là et lui donne le numéro de téléphone de Christine (celle-ci n'a pas encore eu le temps de le communiquer à sa mère).

Dolorès appelle alors sa fille et toutes les deux conviennent que Damien doit s'en aller. Ce qu'il fait, apparemment le dimanche 14 novembre.

Il est entendu que Dolorès descendra voir Christine le mardi 16 novembre, mais en raison d'un problème lié à son travail elle doit repousser ce projet d'une semaine. Au téléphone, Christine semble très déçue, mais Dolorès pense que « c'est en raison du départ précipité de Damien ». Dolorès signale à sa fille la possibilité d'un emploi dans un hôtel à condition qu'elle effectue un stage dans le tourisme, stage qu'elle obtiendra en suivant les indications de sa mère. Christine saute de joie, car il lui faut un travail sûr pour poursuivre son projet de cinéma.

Le mercredi 17 novembre à seize heures, Christine vient me voir au Centre d'information et d'orientation, et le soir même elle relate notre entrevue à sa mère. Je laisse la parole à Dolorès, même si ma modestie doit en souffrir un peu. (Connaissant l'enthousiasme de Christine et les excès dont elle est capable, je relativise ses paroles.) Donc, raconte Dolorès, « Elle était tellement joyeuse ! Elle m'a expliqué qu'elle avait rencontré une femme formidable et que c'était son jour de chance. Elle a ajouté que la conseillère d'orientation avait un fils qui se droguait et qu'elle avait écrit un livre à ce sujet. Cette femme [moi, donc] avait tout de suite compris qu'elle [Christine] était dans la came depuis deux ans. »

Christine avait exprimé à sa mère le désir que nous nous rencontrions et elle voulait nous présenter l'une à l'autre la semaine suivante, quand Dolorès viendrait la voir. Elle était sûre que nous nous entendrions bien.

Elle se disait « heureuse d'avoir quelqu'un sur place vers qui se tourner », c'est comme si elle avait sa mère tout près d'elle et que « tout ça réuni l'aiderait à s'en sortir plus facilement ».

Et Dolorès ajoute tristement : « C'est exactement ce que j'ai pensé. Je sentais que tu m'aiderais à épauler Kiki. C'était une semaine avant son décès, quel dommage ! »

Non, Dolorès, c'était *quatre jours* avant.

Le soir du 17 novembre, Christine appelle sa mère pour lui dire qu'elle a rendez-vous pour le stage de tourisme le mardi 23, et qu'elle part en week-end le vendredi 19 novembre avec des amis. Elle attend avec impatience la visite de sa mère, le mardi suivant.

Le samedi 20 novembre, avant de partir en week-end, Dolorès remarque un message sur le répondeur de son ami

Arnaud. C'est Christine, et elle date son appel du jeudi 18 novembre : elle dit en substance qu'elle a tenté en vain d'appeler sa mère à son travail, que Damien lui a téléphoné mercredi soir mais qu'elle maintient son projet de week-end avec ses amis.

La voix est triste. Alarmés, Dolorès et Arnaud tentent d'appeler Christine. Personne ne répond. Dolorès téléphone à la voisine (qui, de chez elle, entend tout ce qui se passe dans l'appartement de Christine) et lui demande de surveiller son retour et de la prévenir dès qu'elle rentre. D'après la voisine, les animaux de Christine sont sur le balcon et il n'y a pas de lumière chez elle. Ce qui signifie que Christine est sortie. Peut-être est-elle réellement partie en week-end.

Dimanche matin, 21 novembre, Dolorès téléphone à la voisine, qui n'a rien à signaler. Vers dix-sept heures, ce même jour, la voisine rappelle Dolorès. Celle-ci me racontera plus tard leur conversation :

« Je sens que ça ne va pas, elle essaye de m'expliquer quelque chose mais je ne comprends pas. Et tout à coup, un grand froid me traverse. Je lui demande s'il est arrivé quelque chose de grave à ma fille. Elle pleure et je comprends. Je crie : “Ce n'est pas vrai, elle n'est pas morte” ! Elle ne dit rien. Christine est bien morte.

« Tout s'écroule ! Je ne sais plus où je suis, je ne sais plus ce que je fais, je suis effondrée. Je n'y crois pas. Arnaud, effondré lui aussi, s'occupe de tout. Nous prenons l'avion, nous arrivons sur place, mais il est tard et le corps de Christine est déjà à la morgue. Nous ne pouvons rien faire avant le lendemain. »

Christine a été retrouvée le dimanche 21 novembre à seize heures par les pompiers. Elle était morte, sans doute au petit matin, victime d'une overdose. Dans sa glaciale neutralité, la lettre envoyée par le procureur du tribunal à Dolorès, à sa demande, précise que « l'information pour recherche des causes de la mort de Christine a permis de conclure, après autopsie, à un décès survenu à la suite d'un œdème pulmonaire consécutif à une ingestion de stupéfiants (héroïne) ».

Christine a été trouvée allongée sur son lit, ses photos éparpillées autour d'elle. Il y avait du sang sur les draps.

Elle est partie avec son mystère...

Après la mort de sa fille, Dolorès est rentrée chez elle et elle a cherché Damien. Elle pensait que leur échange téléphonique du mercredi 17 novembre au soir avait déstabilisé Christine. Elle supposait que Damien l'avait coincée dans une alternative terrible que Christine n'avait pas supporté. Le marché avait sans doute été le suivant : « Ou bien tu remontes à Paris ou bien je te quitte et nous ne nous reverrons plus jamais ! »

Pour fuir la réalité, pensait Dolorès, Christine s'était shootée et elle en était morte. Peut-être même avait-elle décidé de mettre un terme à une vie qui lui semblait trop difficile ! Donc, pour Dolorès, Damien était en partie responsable de la mort de sa fille, et « c'était vraiment terrible car elle était sur le point de s'en sortir ».

Voilà ce que pensait Dolorès en cherchant Damien pour lui hurler son désespoir et sa haine. Elle raconte : « Quand je l'ai vu, il avait un sourire arrogant. Je lui ai dit : “Je ne viens pas pour te faire des reproches mais simplement pour te dire bravo, Damien, tu as gagné, Kiki est morte... Que lui as-tu raconté au téléphone mercredi soir ?” »

Dolorès continue son récit :

« Damien est parti en pleurant. J'avais envie de l'étrangler mais je me suis dit qu'il allait être bien puni, car il garderait la mort de Christine sur la conscience !

« Récemment, j'ai voulu appeler Damien chez son grand-père. Celui-ci m'a annoncé qu'il s'était suicidé à l'héroïne quinze jours après la mort de ma fille, devant le cimetière où elle est enterrée.

« J'étais soulagée, conclut Dolorès. Au moins, Christine n'est pas morte pour rien, il l'aimait vraiment. »

Soulagée, Dolorès ? Peut-être... À mon avis, elle est plutôt désespérée.

Et moi, je suis infiniment triste. Au marbre de la stèle du monument aux morts de la drogue, j'ajoute deux noms : Christine et Damien.

Ils étaient jeunes, beaux et intelligents.

Mais toxicomanes.

Et ils en sont morts.

Deuxième partie

DOLORÈS

À vous comme les grains de sable
Comme le sang toujours versé
Comme les doigts toujours blessés
Ah je suis bien votre semblable
J'aurais tant voulu vous aider
Vous qui semblez autre moi-même
Mais les mots qu'au vent noir je sème
Qui sait si vous les entendez
Tout se perd et rien ne vous touche
Ni mes paroles ni mes mains
Et vous passez votre chemin
Sans savoir ce que dit ma bouche

Louis Aragon

Les années bonheur

Aujourd'hui, Dolorès se sent seule, bien que Vincent, son fils, la rattache à la vie. Elle témoigne et me raconte sa vie, encore et encore. Et moi, je continue à l'interroger, à lui demander des précisions, et j'ai parfois l'impression de la harceler :

« Raconte-moi Christine enfant et la rencontre avec Damien et la drogue, raconte, Dolorès ! j'ai besoin de savoir. »

Et elle, sans relâche, m'écrit et raconte. Et je mets en place les pièces manquantes du puzzle.

Souvent je lui demande de m'excuser, car j'ai peur de la blesser en fouillant le passé. Elle écrit : « Ça me fait drôle de raconter tout ça, certes c'est dur, mais ça me permet de mieux comprendre. » Et elle ajoute : « Si tu as besoin de plus d'informations, n'hésite pas à me les demander. »

Dolorès, en m'écrivant, met des *mots* sur ses *maux*. Elle met à distance, analyse et cherche à comprendre sa propre vie, alors — dit-elle — qu'elle ne se posait aucune question autrefois ! Et comme elle rencontre régulièrement son psychologue, sa réflexion progresse vite. Elle voudrait maintenant aider les autres.

Constamment, Dolorès exprime son sentiment de culpabilité (ce sentiment que je connais bien moi aussi), elle y réfléchit et elle avance. À sa façon, elle fait une thérapie.

Pour elle, ce sentiment de culpabilité vient de très loin, puisqu'il remonte à la naissance de sa fille. Elle m'explique :

« Lorsque j'ai accouché de Christine, j'avais dix-neuf ans, j'étais trop jeune. J'étais très immature, car j'avais voulu avoir un enfant pour jouer avec lui, moi qui n'avais jamais eu de poupée quand j'étais petite. Puis, quand Christine est née, j'ai eu une sorte de rejet car je croyais que ma vie était finie. À l'âge de deux mois, elle a failli mourir d'une déshydratation aiguë. Elle a été sauvée *in extremis*. C'est à partir de ce moment-là que j'ai ressenti de l'amour pour elle, car je me suis alors rendu compte que je pouvais la perdre ! À l'hôpital, elle était là, si petite, avec des tuyaux partout ! Je pleurais sans arrêt et je passais toutes mes journées à son chevet, puis, un beau jour, j'ai enfin pu la ramener à la maison. Et depuis, je n'ai jamais cessé d'avoir peur pour elle, je m'en aperçois aujourd'hui. J'ai reporté sur elle toute l'affection dont je suis capable — et que je n'avais pas reçue moi-même. J'ai tellement eu peur que j'ai exagéré mon attachement à cette enfant. Je la chouchoutais comme une poupée. J'ai dû trop la couver, l'étouffer ! »

Dolorès m'a montré des photos de cette époque, du temps où Christine était surnommée Bouboule — et elle portait bien son nom : sur l'une d'elles, elle est soutenue par sa jeune maman, bien campée sur le château branlant de ses jambes arquées et bien potelées ; je suppose qu'elle ne marche pas encore.

Quelques mois plus tard, un bob multicolore sur le crâne et une moue désabusée aux lèvres, la voici, au milieu de ses cousines déjà un peu bronzées, blanche comme un cachet d'Aspro, telle qu'elle reprochera toujours à la nature de l'avoir faite !

Sur une Photomaton, elle est avec sa maman, et c'est un moment joyeux, car le flash l'a surprise en plein éclat de rire, alors qu'elle ferme les yeux de plaisir. De ce cliché émanent beaucoup de complicité et de tendresse entre la petite Christine et Dolorès, sa jeune maman, qui rit elle aussi devant la joie de son enfant.

Et vient le temps de l'école : la photo de classe nous la montre un peu changée ; on a coupé ses cheveux et elle porte de grosses lunettes de star. Pas l'ombre d'un sourire sur sa bouche, mais un air las, comme si elle condescendait à laisser ce pauvre photographe faire son travail. Cabotine, va !

Sur une autre photo, elle est encore à l'école, assise à la même table qu'une petite fille très souriante. Christine, elle, affecte un air très lointain, elle semble même bouder. Ses cheveux ont commencé à repousser, elle a un énorme nœud sur le sommet du crâne, et elle est vraiment adorable !

Sur la dernière photo, les cheveux, nettement plus longs, permettent des coiffures plus élaborées, et ce jour-là Dolorès lui a fait deux couettes perchées sur le sommet de la tête. Elle pose devant la télé, elle porte un tee-shirt blanc et un jean bleu, elle détourne un peu la tête et croise haut les bras d'un air réprobateur et presque excédé, comme si elle voulait dire au photographe : « En avez-vous bientôt fini avec toutes vos simagrées ? » Sacrée Bouboule, va !

« Je vivais alors chez mon père, raconte Dolorès, et je jouais toute la journée avec elle ! Les maîtresses l'adoraient, et ma plus grande joie était d'aller la chercher à l'école. Il faut dire qu'elle était vraiment rigolote, avec son nez retroussé et ses taches de rousseur ! J'étais extrêmement fière d'être sa maman. Je lui avais acheté un énorme chien en peluche, bien plus grand qu'elle et qu'elle trimbalait partout. Le soir, pour l'endormir, je lui chantais des chansons, et souvent elle venait me rejoindre dans mon lit. Elle était déjà comme tu l'as connue, elle avait un sacré caractère ! »

Si Dolorès se reproche de s'être beaucoup trop occupée de sa fille, au point de l'étouffer, par ailleurs elle regrettera de ne pas lui avoir prodigué assez de gestes de tendresse. Elle me rapporte un souvenir récent, qui date des derniers mois de la vie de Christine, alors qu'elle vivait dans le Midi. Dolorès et son ami Arnaud étaient venus lui rendre visite :

« Bizarrement, ce jour-là, et parce que je m'étais disputée avec Arnaud, je suis allée la voir en pleurant de rage, et c'est elle qui m'a remonté le moral comme une maman. Elle m'a prise dans ses bras en me serrant très fort. Elle m'a dit que c'était la première fois qu'on s'embrassait toutes les deux si fort en se serrant l'une contre l'autre. »

Et elle ajoute : « Je ne l'ai pas assez serrée dans mes bras, je ne l'ai pas assez dorlotée ! Je me suis rendu compte que je n'arrivais pas à avoir de contacts physiques avec mes enfants (ce qui provient de ma propre enfance, et de l'éducation que nous avons tous reçue, mes frères et sœurs et moi). Ce jour-là, nous avions vraiment fait tomber une barrière ! Je garde cette image en moi et je regrette le temps perdu ! »

Autrement dit, Dolorès s'accuse d'en avoir *trop* fait ou *pas assez*. Comme moi ! Comme nous toutes, qui serons pour longtemps encore rongées par un sentiment de culpabilité. Il faut du temps et un long travail sur soi pour le dépasser, j'en sais quelque chose !

Les années difficiles

Le temps avait passé et l'enfant avait grandi. C'était, dit Dolorès, « une petite fille sans problèmes, toujours gaie, ouverte à tout, intelligente, optimiste et déjà indépendante ». Elle avait trois ans et demi quand Dolorès avait rencontré Pascal : c'était un compagnon agréable, il adorait Christine, qui l'avait elle aussi adopté. Un jour, par exemple, il était venu l'attendre devant l'école, et l'enfant avait été ravie d'épater ses copines en faisant un tour de moto avec lui. Dolorès avait pensé qu'il serait un bon père pour l'enfant, et quand elle avait proposé à Christine d'aller vivre chez lui, la petite avait semblé très contente.

« Tout allait bien, poursuit Dolorès, nous vivions dans un studio, mais j'avais fabriqué des murs en bois pour que ma fille ait son propre domaine. Pascal travaillait la nuit, si bien que nous restions là toutes les deux à écouter des disques. Je m'occupais beaucoup d'elle et cela me suffisait. Pascal ne comptait guère pour moi, mais il était gentil ; il nous aimait, nous faisait des cadeaux, et il nous préparait à manger le dimanche. J'avais enfin l'impression de donner à ma fille une famille normale. Je me souviens qu'elle allait souvent avec lui faire des courses ou acheter le pain pendant que je restais à la maison. Je les suivais des yeux de ma fenêtre, je les regardais marcher tous les deux vers les magasins du bout de la rue, main dans la main, et j'étais heureuse de voir ma fille, le nez levé vers Pascal, jacassant comme une pie, à son habitude, et lui, la tête penchée vers elle, qui l'écoutait.

Dolorès se rendait cependant compte que cette vie ne la satisfaisait pas. Elle avait de l'amitié pour Pascal, mais n'éprouvait pas d'amour à son égard. Elle rêvait parfois de vivre seule avec sa fille et elle se mettait tout à coup à faire ses valises, Christine sur ses talons, un peu inquiète et ne comprenant pas ce qui se passait. Parfois encore elle avait des crises de larmes, elle rêvait de reprendre sa liberté, mais elle avait peur d'affronter la vie. Alors elle restait...

Le temps béni de l'enfance passait et tout semblait aller bien. Sur le plan scolaire, les résultats de Christine étaient bons. L'instituteur du CM1 note un travail sérieux et appliqué, avec « des difficultés dans la résolution des problèmes et une prédisposition dans le domaine artistique ». L'année suivante, les résultats, toujours très bons, font dire au maître : « J'espère que Christine fera une bonne sixième. »

Pourtant les choses avaient imperceptiblement changé. Le temps de la fusion entre cette mère-enfant et son bébé rieur était révolu. Mais Dolorès ne s'en rendait pas compte. Du moins, pas encore !

Au mois d'août 1982, alors que Christine était partie en colonie de vacances comme tous les ans, et que « tout allait bien, comme d'habitude », écrit Dolorès, « dans le courant du mois, j'ai reçu une lettre du directeur de la colo m'informant que ma fille avait un comportement bizarre et faisait beaucoup de bêtises. Par ailleurs, dans l'une de ses lettre, Kiki me disait que son moniteur l'avait giflée. Je tombais des nues : ma petite fille si sage, comment tout cela était-il possible ? Je me suis alors rendue sur les lieux, car ma fille m'écrivait aussi qu'elle voulait rentrer à la maison. Le directeur m'apprit qu'elle s'était acoquinée avec la pire des pestes de la colo, et qu'elles faisaient les quatre cents coups. Par exemple, elles quittaient leur chambre le soir, en passant par les gouttières du toit, et elles manquaient à chaque fois de tomber et de se rompre le cou. Elles venaient d'être surprises par un moniteur, qui les avait vertement tancées et qui avait fini par gifler une Christine agressive et inconsciente. J'étais atterrée, je ne reconnaissais pas ma fille, je la croyais toujours sage, gentille et polie, et on me la décrivait intrépide, insolente, influençable et désobéissante. Je ne comprenais plus rien ! »

Sur les photos de ces années-là, je devine déjà la fêlure. J'y vois Christine sous deux aspects : ici, la petite fille que je connais, spontanée et joyeuse, toujours prête à éclater de rire. Et sur cette photo-là, j'entrevois la femme en devenir, déjà un peu soucieuse, et comme porteuse d'un secret difficile à faire partager. Que s'était-il réellement passé, et qu'y a-t-il de vrai dans ce qu'a plus tard confié Christine à un inspecteur de police après ses premières fugues ? Christine a-t-elle voulu se rendre intéressante en racontant n'importe quoi ou bien a-t-elle dit la vérité ?

À cette époque-là, Dolorès en avait été réduite à des suppositions. Son intuition lui suggérait des choses trop graves pour être dites, mais elle les avait ressenties très fort. Si fort que son attitude envers Pascal, et même envers sa fille, en avait été modifiée, comme si un mur s'était soudain dressé entre eux. Les petits câlins du soir, les mains de Dolorès qui, caressant le dos de l'enfant, simulaient le crabe qui monte et qui gratte, la chanson murmurée doucement juste avant de s'endormir, tous ces jeux de la tendresse, de l'innocence et de la complicité entre la mère et l'enfant étaient bien finis. L'enfance était terminée, la petite fille avait changé sans que Dolorès s'en aperçoive : si Christine était toujours gentille avec elle, toute une partie de sa vie était ailleurs et échappait désormais totalement à sa mère. C'était l'année des onze ans de Christine et Vincent s'annonçait. Car Dolorès, pour remercier Pascal d'être un bon père pour sa fille, avait accepté d'avoir un enfant avec lui.

Et puis Vincent était arrivé, en janvier 1983. Sa naissance avait été préparée, et Christine l'attendait. Or, « très bizarrement, dit Dolorès, Christine l'avait un peu rejeté et avait gardé ses distances. Puis son attitude avait radicalement changé, et elle avait alors souhaité elle aussi s'occuper du bébé ».

Sur toutes les photos de cette époque-là, où on la voit avec Vincent, elle arbore un air sérieux et même triste et elle ne regarde pas son petit frère. Où est donc passée l'enfant au rire contagieux, où s'en est donc allée sa joie de vivre ?

Passe le temps et s'enfuient les années... L'enfant grandit, et tout commence à se compliquer sérieusement. Chose curieuse, Dolorès a beaucoup de mal à me restituer les événements dans l'ordre chronologique. Pourquoi ? Elle ne le sait pas elle-même, mais les dates s'entrechoquent, elle se trompe dans les années. C'est le flou absolu dans sa tête. En revanche, ce dont Dolorès se souvient parfaitement, c'est de l'état de confusion mentale dans lequel cette période l'avait précipitée : « Je tombais des nues, je ne comprenais plus rien, dit-elle, je ne m'attendais pas à tout cela, je n'y étais pas du tout préparée... Qu'arrivait-il à ma fille, elle qui était si gentille ? »

J'ai moi aussi essayé de comprendre et de remettre les événements dans l'ordre en consultant les bulletins scolaires ; grâce à mon métier, j'ai l'habitude de les interpréter en lisant entre les lignes. Apparemment la classe de sixième s'est à peu près bien passée. En général les professeurs semblent plutôt satisfaits de cette élève « capable », certes, mais « qui s'est économisée ». Une baisse est cependant signalée à la fin de l'année. Sur une photo où elle pose avec Vincent, Christine est épanouie et souriante.

L'année de cinquième est beaucoup plus difficile : les professeurs ne reconnaissent plus l'enfant et, inquiets, interrogent : « Que se passe-t-il ? » On souligne des absences et, en fin d'année scolaire, le chef d'établissement admet Christine en classe supérieure, mais en faisant un pronostic pessimiste : « L'an prochain, la quatrième risque d'être difficile. »

C'est en effet l'année suivante que les événements se

précipitent et que tout se met à déraper. Au collège, les absences se multiplient, et le travail personnel est inexistant. Pour Dolorès commence un véritable calvaire car, à la fin du premier trimestre, l'adolescente fugue. Sa mère est folle d'inquiétude, elle raconte : « Panique générale. Nous l'avons cherchée partout. Je ne dormais plus. Tous les soirs nous partions à sa recherche, nous explorions toutes les caves. Nous avons fini par apprendre qu'elle était hébergée par la famille de l'un de ses amis, un Marocain d'une vingtaine d'années. »

Cet ami l'avait prise en pitié quand elle lui avait confié qu'elle ne savait pas où dormir et qu'elle ne voulait pas rentrer chez elle. Ce sera une constante chez Christine. Elle apitoiera toujours quelqu'un qui l'hébergera ; elle ne couchera dans la rue que rarement. Lorsque Dolorès retrouve enfin sa trace, l'enfant fuit une fois encore et se réfugie chez une autre de ses camarades, dont Dolorès contacte la mère un peu plus tard... Christine, dira cette femme, « refusait de rentrer chez elle et disait qu'elle détestait sa mère ». Dolorès était de plus en plus malheureuse et comprenait de moins en moins. Ce n'est que beaucoup plus tard que Christine se confiera à sa mère : elle lui apprendra qu'à cette époque-là elle a découvert que Pascal n'était pas son véritable père, et qu'elle l'a appris de la bouche du principal du collège.

« Ces fugues, écrit Dolorès, me mettaient dans un état d'angoisse indescriptible. Je me tapais la tête contre les murs, j'imaginais qu'elle était enlevée par des sadiques... N'importe quoi ! C'était l'horreur totale ! Elle, si mignonne, à la merci des autres ! »

Par la suite, Dolorès se posera encore bien des fois, sans jamais trouver de réponse satisfaisante, cette question. Comment se fait-il que cette enfant si gentille à la maison puisse se comporter de cette façon à l'extérieur ? Pour moi, je crois que Christine avait dans sa personnalité deux facettes opposées. C'est ce que j'ai parfois relevé dans son journal quand elle dialogue avec elle-même — Christine la sage sermonnant, ou tentant de ramener à la raison, Christine la rebelle.

Pour la fin de l'année scolaire, Dolorès prend un certain nombre de précautions. Il est décidé que sa fille se rendra désormais au collège chaperonnée par la mère d'une camarade. Or celle-ci, en fait, les laisse se rendre seules à l'école, et Christine en profite pour sécher les cours. Avec Dolorès, elle triche, rentrant à la maison à l'heure prévue, lui demandant de l'aide pour faire ses devoirs et pour réciter ses leçons, si bien que sa mère reprend confiance. Le bulletin scolaire du premier trimestre est explicite : les notes sont extrêmement faibles, les appréciations des professeurs signalent le manque de travail évident et les nombreuses absences. Pour résumer ces années-là et conclure sa lettre, Dolorès m'écrit : « Là, le cauchemar commence vraiment pour moi ! »

Moi, je suis étonnée et admirative : si c'est à partir de ce moment que seulement commence le cauchemar, comment appeler les événements précédents, ceux que je viens de relater ? Ce n'est quand même pas le quotidien de toutes les mères, et j'en connais beaucoup qui auraient démissionné. Je me dis que, décidément, Dolorès est très forte.

La vie se poursuit donc, riche en rebondissements : Christine, en grandissant, ne supporte plus aucune contrainte, et ses escapades à répétition ont fait d'elle la « star » du collège. Elle a sa cour : on l'admire pour son courage, et cela lui plaît beaucoup. Cependant, l'école lui pesant de plus en plus, elle s'y rend de moins en moins, et Dolorès finit par renoncer à la lui imposer. Christine est au centre d'un groupe de camarades que sa mère avait contactés, pendant l'une de ses disparitions. Ils étaient tous venus chez Dolorès et avaient longtemps discuté avec elle. Ils avaient parlé de Christine en termes admiratifs, ils la trouvaient gentille et sympathique, mais ils s'inquiétaient aussi un peu pour elle car ils pensaient qu'elle fumait beaucoup trop. En revanche, ils avaient paru très étonnés en voyant Dolorès, car Christine la leur avait décrite comme une mère qui l'empêchait de sortir, et ses amis la plaignaient, et de tout leur cœur souhaitaient l'aider.

Ici encore, Dolorès excuse sa fille et regrette de ne pas l'avoir comprise : « Elle racontait des histoires, écrit-elle. Ce n'était pas un défaut, bien au contraire, ça lui permettait de s'évader. Peut-être aurais-je dû l'inscrire à des cours de théâtre. Je me rends compte aujourd'hui que j'ignorais tout de ses qualités, j'étais aveuglée par mes propres certitudes. »

Les amis avaient fait passer le message de Dolorès : « Reviens, Christine, tu ne seras ni punie, ni même grondée », et l'enfant avait réintégré la maison. Elle avait beaucoup discuté avec sa mère et avait été obligée de convenir que celle-ci était plutôt gentille et compréhensive, ce que confirmaient d'ailleurs ses camarades depuis qu'ils avaient rencontré Dolorès.

Leurs relations avaient alors beaucoup changé. Christine et Dolorès s'étaient rapprochées, recréant du même coup le couple fusionnel initial de l'enfant et de sa mère. « Je dois reconnaître, écrit Dolorès, qu'à partir de ce moment-là Pascal n'a plus existé pour moi. J'avais l'impression d'être comme autrefois, à la naissance de Kiki ! »

On dirait, en fait, que Christine a tout fait pour retrouver son paradis perdu, le doux temps de la communion parfaite avec sa maman.

Le temps passe... La sérénité semble avoir remplacé l'état de crise, et Dolorès se repose un peu. Un jour, cependant, elle se dispute avec sa fille et celle-ci prend la fuite, une fois de plus. Après bien des recherches, sa mère finit par apprendre qu'elle s'est sauvée avec Sabine, son amie du moment, plus âgée, et aussi plus rebelle et encore bien plus délurée qu'elle. Les autres fois, quand Dolorès retrouvait la trace de sa fille, elle finissait par avoir une discussion avec elle, et par la persuader de rentrer à la maison. Mais cette fois c'est plus grave, car l'adolescente ne donne plus aucune nouvelle. Dolorès est folle d'inquiétude. À son travail, cependant, elle ne laisse rien paraître de son désarroi, et personne ne se doute du drame qu'elle vit. L'attente est très longue, et tous les soirs Dolorès passe son temps à sangloter d'impuissance et de désespoir. Deux mois s'écoulent en vaines recherches.

Et puis un jour, à son travail, Dolorès reçoit enfin un coup de téléphone de sa sœur lui apprenant que Christine est chez elle depuis trois jours déjà, mais qu'elle ne veut absolument pas rentrer chez sa mère. Aux cent mille questions que se posait déjà Dolorès s'en ajoutent d'autres : Pourquoi sa sœur ne l'a-t-elle pas prévenue aussitôt ? Qui a retrouvé Christine ? Comment a-t-elle vécu pendant ces deux mois interminables ? Pour quelle raison ne veut-elle pas revenir à la maison ?

Elle aura des réponses à ces questions beaucoup plus tard, quand elle pourra à nouveau parler avec sa fille. Ainsi, elle apprendra que Christine n'a jamais vécu dans la rue : avec son air angélique, elle trouvait toujours le moyen d'attendrir quelqu'un qui la ramenait chez lui. Elle aimait cette vie d'aventures, elle qui détestait la monotonie, et elle n'avait téléphoné à sa tante que contrainte et forcée, après avoir été ramassée dans le métro par la police. Mais elle n'avait jamais souffert de la faim, et elle ne voulait pas retourner chez elle de peur que sa mère ne la surveille de trop près.

De soulagement, de joie, et aussi de misère et d'impuissance, Dolorès continue à pleurer. Dans cette épreuve, elle a été bien seule, ne se confiant à personne et peu secondée par Pascal.

Christine retrouvée, il faut assumer et prendre des décisions : quelle est la meilleure solution ? Obliger l'adolescente de quatorze ans à réintégrer la maison en utilisant la force ? C'est impossible, sa mère est sûre qu'elle s'enfuira une nouvelle fois... Dolorès préfère demander à sa sœur d'héberger Christine dans un premier temps. Elle espère pouvoir raisonner sa fille par la suite. Aux yeux de tous, elle apparaît pour le moment comme une mauvaise mère, incapable d'élever correctement sa fille. C'est vraiment très dur pour elle, et a posteriori elle s'étonne d'avoir survécu à toutes ces épreuves, à toutes ces humiliations.

La rentrée scolaire suivante s'effectue donc pour Christine dans la ville où habite sa tante, qui espère bien réussir là où Dolorès a échoué. Mais au mois de novembre 1986, Christine, une fois de plus, reprend sa liberté. Naturellement sa tante se montre très déçue, et Dolorès est à nouveau très inquiète. Grâce à l'aide d'un inspecteur de police compréhensif et compatissant, elle réussit à retrouver la trace de la voyageuse à Lyon. Dolorès, après avoir roulé toute la nuit, y arrive à trois heures du matin pour repartir avec sa fille une heure plus tard. « J'étais, dit-elle, à la fois totalement exténuée et parfaitement heureuse. Christine pleurait et m'embrassait en me suppliant de lui pardonner pour tout le chagrin qu'elle me faisait ! »

Aujourd'hui encore Dolorès repense avec émotion à cet inspecteur de police que les amours tumultueuses de Christine et de sa mère avaient attendri, et qui lui avait été d'un grand secours dans ces moments douloureux. Non seulement il lui avait permis de la retrouver, mais encore il avait longuement parlé à l'adolescente et l'avait rapprochée de sa mère.

Après la fugue lyonnaise et le retour au bercail de l'enfant prodigue, la vie avait repris. Christine et sa mère avaient été convoquées par le juge des enfants. Christine était entrée la première, puis on avait fait entrer sa mère. Dolorès raconte : « J'avais très peur : il y avait le juge et trois autres personnes, et je pensais qu'ils voulaient me retirer ma fille et la placer. Ils m'ont posé toutes sortes de questions, m'ont interrogée sur mes intentions et mes projets. Dans un premier temps je suis restée muette, et puis je me suis mise à leur parler de mon amour pour Christine, je leur ai dit qu'il était impensable de séparer nos vies, que je voulais faire partie de son présent et de son avenir aussi. Nous avons parlé très longtemps, et je pense qu'ils ont compris puisqu'ils m'ont laissé carte blanche. Je leur ai expliqué qu'il ne servait à rien de lui faire la morale et de la punir, qu'elle avait besoin de vivre ses expériences et de se tromper pour avancer. Je la savais intelligente et capable de tirer les conclusions de ses échecs elle-même et au bon moment. Et puis j'étais toujours là pour la soutenir et pour l'aider. De toutes façons, si on la contraignait, elle avait pris l'habitude de s'enfuir et fuguerait à nouveau. Mieux valait essayer de maintenir le dialogue. »

Dolorès a convaincu le juge, qui accepte de lui laisser sa fille. Elle avait demandé l'aide d'un éducateur pour avoir un recours en cas de problème, mais celui-ci n'était malheureusement pas à la hauteur de sa tâche. La vie reprend donc, en apparence comme avant, mais Dolorès vit dans la peur constante que sa fille ne récidive.

La situation n'est pas stabilisée. Christine est retournée au collège, mais elle s'absente de plus en plus, et sa mère n'ose pas le lui reprocher. Elle vit au jour le jour, et Pascal n'existe plus pour elle. Elle est de plus en plus seule devant ses responsabilités et apprend à ne compter que sur elle-même. Elle doit aussi assumer seule les propos malveillants qu'ont à son égard des gens parfois très proches d'elle. Christine, qui a raconté tellement d'histoires pour expliquer ses fugues (elle se dit souvent elle-même « mythomane »), a-t-elle aussi inventé cela, ou bien ces ragots sont-ils dus à la méchanceté ? La mère pleure parfois de rage, mais constate avec joie que certaines personnes lui font confiance : l'inspecteur de police, le juge, et aussi Corinne, l'amie rencontrée sur son lieu de travail. Voilà qui met du baume au cœur de Dolorès et lui permet de trouver en elle les ressources nécessaires pour continuer à se battre.

La vie continue donc, dans la maison neuve achetée par la famille dans un quartier bourgeois d'une ville de banlieue. Christine est inscrite dans le collège du secteur. Elle manque beaucoup l'école, mais sa mère, qui n'ose pas lui faire trop de reproches, pense que ce n'est pas trop grave : elle doublera sa classe l'année suivante, voilà tout. Une fois de plus, Christine est amoureuse, et ce nouvel amour semble un peu la stabiliser. Au collège, elle est la vedette pour ses camarades, tout auréolée de la gloire de ses « exploits ». Mais l'année se termine par le conseil, donné à l'unanimité de l'équipe pédagogique, d'un changement d'établissement.

À la rentrée suivante, le principal du nouveau collège refuse d'inscrire Christine. Cela enchante l'intéressée, qui en a assez de l'école et veut travailler. Dolorès et elle se mettent d'accord sur une inscription à un stage d'hôtesse d'accueil. À la fin du stage, elle cherchera un emploi à mi-temps. Cependant cette solution ne plaît qu'à moitié à Christine, qui voudrait exploiter ses dons en dessin. Dolorès la pousse alors à rassembler tous ses croquis : pourquoi n'essaierait-elle pas d'entrer à l'école de dessin d'Angoulême ? Christine s'accroche à ce projet, qui semble pourtant ambitieux puisque le proviseur de cette école, qui est très intéressé par ses dessins, la prévient : il lui faudra atteindre un niveau scolaire de fin de seconde pour avoir une chance de réussir au concours d'entrée. Christine sait que ce sera difficile, et se prend à regretter de n'avoir pas été plus assidue au collège, mais elle est d'accord pour essayer. En attendant, elle prend du bon temps, elle mène la vie qu'elle aime. Elle est très entourée, comme toujours, et elle rit beaucoup. Elle va souvent danser et change d'amoureux.

Pour réaliser son projet, Christine devra beaucoup travailler, et son niveau scolaire sera vérifié de façon très officielle par le Centre national d'enseignement à distance au mois de janvier 1990. La mère et la fille se mettent au travail. À partir du mois d'août 1989, elles reprennent ensemble le programme des différentes classes du collège, tous les jours et pendant huit heures. Cette nouvelle vie crée entre les deux femmes des liens et une complicité nouvelle. Entre son nouvel amour qui la transforme en femme fidèle, ses projets qu'elle s'efforce de mener à bien et les relations qu'elle entretient maintenant avec sa mère, il semble que Christine soit heureuse et beaucoup plus équilibrée. La voilà enfin devenue sage ! Pour combien de temps ?

Quant à Pascal, il n'existait plus depuis longtemps pour Dolorès — depuis qu'elle avait dû se battre toute seule ; si bien que, tout doucement, il était sorti de sa vie. Christine reprochait-elle à sa mère de rester avec un homme qu'elle n'aimait pas ? Peut-être. J'ai trouvé des petites notes, écrites par Christine dans la marge du livre d'Olievenstein, où elle disait : « Je suis partie en fugue parce que je sentais que maman n'était pas bien à la maison, aurait aimé partir et ne pouvait pas le faire ! » Autrement dit, Christine, en quittant la maison, libérait sa mère et l'autorisait à en faire autant. Elle lui donnait l'exemple ! Est-ce là un début d'explication pour Dolorès ? En tout cas elle s'interrogera encore longtemps sur le sens des fugues à répétition de sa fille.

Pascal avait donc vécu dans la maison comme une ombre, mais dans ce nouveau climat familial Dolorès trouve bientôt la situation insupportable. « Il me dérangeait », dit-elle. Dolorès et lui se toléraient quand ils se voyaient peu, mais maintenant rien ne va plus, et des disputes éclatent fréquemment sous les prétextes les plus divers. Dolorès veut en finir. Le mois de janvier 1990 verra la réalisation de tous les projets : la réussite de Christine à son examen, la vente de la maison et la séparation de Pascal et de Dolorès. Celle-ci entrevoit un avenir paisible, entourée de ses deux enfants, de leurs amis, du chien et du chat. Peut-être va-t-elle enfin pouvoir être heureuse !

En fait les choses sont plus difficiles qu'elle ne le pensait. Pascal a mal accepté l'idée de la séparation et s'est même montré violent avec elle, déstabilisant le petit Vincent. Et puis, Christine a rencontré Damien, un jour qu'elle faisait de l'auto-stop sur une route qu'elle n'empruntait jamais. Dolorès raconte : « Ça a été un coup de foudre immédiat et réciproque, et ma fille ne m'a pas donné signe de vie pendant huit jours. Quand elle m'a enfin téléphoné, elle m'a appris qu'elle était éperdument amoureuse, qu'elle souhaitait me présenter l'élu de son cœur, et qu'ils avaient décidé de vivre ensemble ! J'étais déçue car je voyais se briser le beau rêve de notre vie à trois, mes deux enfants et moi, et aussi parce que Christine m'annonçait qu'elle abandonnait momentanément tous les projets que nous avions échafaudés ensemble. Mais elle était jeune, elle allait avoir dix-huit ans, et je ne me reconnaissais pas le droit de l'empêcher de vivre sa vie. Pour Vincent et pour moi, je savais que je serais capable d'assurer. »

Effectivement, elle s'est installée avec son fils dans un appartement, et la vie est devenue plus sereine. Les amoureux venaient souvent les voir et Dolorès pensait qu'ils allaient vraiment bien ensemble. Ils s'entendaient bien et semblaient heureux, et pourtant la maman restait sur ses gardes. « Je ne faisais pas de projets, dit-elle, je m'investissais à fond dans mon travail, mais je vivais en attente de quelque chose. De quoi ? Je n'en sais rien ; j'attendais que ma fille se stabilise pour commencer quelque chose. Ma vie dépendait de l'équilibre de Christine et était ponctuée par ses coups de téléphone. Je la sentais heureuse et pourtant j'étais sur la défensive... Et j'avais bien raison, hélas ! »

Les années de galère
ou
Le prix fort

Mon bel amour mon cher amour ma déchirure
Je te porte dans moi comme un oiseau blessé
Et ceux-là sans savoir nous regardent passer
Répétant après moi les mots que j'ai tressés
Et qui pour tes beaux yeux tout aussitôt moururent
Il n'y a pas d'amour heureux

Louis Aragon

C'est à la fin de l'année 1991 que Christine apprend à sa mère l'insoutenable vérité : Damien, qui est toxicomane depuis longtemps déjà et qui deale aussi un peu, a réussi à l'entraîner dans sa galère. Elle a tenté de résister pendant quelques mois, et puis elle a fini par céder. Dans les bras de sa mère, la jeune fille pleure. Dolorès va alors mobiliser toutes ses forces pour aider son enfant à s'en sortir.

« La suite, m'écrit Dolorès, tu la connais, Christine en a parlé dans son journal. Rien que d'y penser, j'ai mal. D'espoir de guérison en rechute, tu connais bien ça toi aussi, Sophie, c'est le régime de la douche écossaise, et je l'ai vécu de mai 1991 jusqu'à la mort de Christine. Pendant tout ce temps je me suis battue contre l'héroïne. En fait je pense que c'est à ce moment-là que j'ai véritablement commencé ma dépression, mais je ne le savais pas ! »

Au cours de ces deux années terribles, Dolorès a beaucoup été soutenue par son ami Arnaud, celui que Christine appelle « le mec à maman » dans son journal. Mais pouvait-on réellement aider Dolorès ? Elle écrit : « Depuis longtemps, depuis les premières fugues de Kiki, je m'autodétruisais, je m'isolais. Je croyais que personne ne pouvait me comprendre ou m'aider ! Je m'empêchais d'être heureuse, et dès que je commençais à l'être je m'arrangeais pour tout détruire ! Je n'ai rien réussi puisqu'elle est morte maintenant ! »

Cette mort est d'autant plus insupportable pour Dolorès qu'elle survient au moment où les choses semblent enfin s'arranger pour sa fille : « Christine avait tellement envie de réussir. C'est la fatalité qui me l'a enlevée, et ça c'est injuste ! » Christine, qui avait frôlé tous les dangers pendant des années, semblait repartir sur des bases beaucoup plus solides, son journal en témoigne. Sa mère allait peut-être enfin pouvoir respirer et vivre un peu pour elle. Et c'est justement à ce moment-là que s'est produit le pire ! Je comprends et partage la douleur et la révolte de Dolorès. De plus, Dolorès pensait que sa fille s'était peut-être suicidée, et elle se reprochait de ne pas avoir su deviner son désespoir !

Ma rencontre avec sa fille avait rallumé l'espoir dans le cœur de Dolorès. J'allais pouvoir être un relais sur place auprès de Christine, dans les moments de découragement. Hélas, hélas ! Je n'en aurai pas eu le temps. Je me suis fait des reproches moi aussi, quand j'ai appris sa mort. N'aurais-je pas dû lui donner mon adresse personnelle ? Comment n'avais-je pas vu sa détresse au-delà des apparences ? J'aurais peut-être pu la motiver pour la vie en l'impliquant dans mon combat contre la drogue, j'aurais pu, j'aurais dû... Mais peut-être Christine n'est-elle entrée dans ma vie que pour m'encourager à lutter encore et pour me remettre son journal, mêlant ainsi sa voix à la mienne, au-delà de la fatalité de sa mort ?...

Je ne crois personnellement pas du tout que Christine se soit suicidée, je le répète encore. Alors que s'est-il donc passé, ce dimanche 21 novembre ? Peut-être, sûrement même, se sera-t-elle sentie très seule après le départ puis le rejet de Damien, et sans doute a-t-elle choisi la solution de facilité, l'oubli d'un présent trop douloureux, dans l'injection d'une dose ? Elle connaissait pourtant le danger d'une telle démarche puisqu'elle le souligne elle-même à plusieurs reprises dans son journal. Mais je pense qu'elle se croyait assez forte pour se permettre une petite entorse à la règle. Elle a flirté avec la mort, l'a défiée. Elle n'a pas compris que, à ce jeu de dupes, l'héroïne gagne toujours ! Et elle a payé le prix fort, celui de sa propre vie.

Les années douleur
ou
Maintenant que tu es partie...

Et maintenant, que vais-je faire
De tout ce temps que sera ma vie ?
De tous ces gens qui m'indiffèrent
Maintenant que tu es partie
Toutes ces nuits, pourquoi ? pour qui ?
Et ce matin qui revient pour rien...

Pierre Delanoë
et Gilbert Bécaud

Il faut reconnaître qu'avoir une enfant comme Christine, ça met du mouvement, on ne risque pas de s'ennuyer ! Depuis sa première fugue jusqu'aux galères qui ont suivi l'entrée dans la drogue de sa fille, la vie de Dolorès a pris des allures de western. De rebondissement en rebondissement, d'alerte en SOS, la peur au ventre, les sens aux aguets, ne dormant plus et mangeant peu, prête à réagir au premier appel, au moindre signe, elle a vécu au rythme des événements qui ponctuaient la vie de Christine. Elle était dans un drame permanent qui lui laissait peu de répit. Non seulement elle vivait dans l'inquiétude, mais encore elle devait être disponible pour entendre les appels au secours quand Christine réapparaissait après une longue absence.

Christine occupait tellement de place dans la vie de sa mère que sa disparition a laissé un énorme vide en Dolorès. Plus rien n'avait de sens. Que faire de ces nuits interminables au cours desquelles elle se posait inlassablement les mêmes questions, sans jamais parvenir à y apporter une seule réponse ? Chacune d'elle commençait par « Pourquoi ? » et Christine était toujours au cœur de ces interrogations.

Au cours des années terribles, Arnaud avait certes été présent pour Dolorès, il l'avait vraiment aidée à tenter de sauver Christine de ses démons, et le jour de l'enterrement de sa fille il était là aussi. Peut-être n'a-t-il pas senti à quel point elle était désespérée et malade. Si bien qu'il n'a pas du tout compris pourquoi elle le repoussait. Et Dolorès s'est retrouvée encore plus seule et encore plus désespérée !

« Depuis le moment où Christine m'avait appris son entrée dans la drogue, je n'étais plus moi-même ! J'étais peu disponible et souvent même agressive avec les personnes qui auraient pu me rendre heureuse, car je n'acceptais de l'être qu'à partir du moment où ma fille serait heureuse elle aussi. En fait, et même si je ne voulais pas le reconnaître, j'étais déjà en pleine dépression. Pendant tout ce temps, sans m'en apercevoir, je m'étais complètement isolée. Et quand Christine est morte, tout s'est effondré. Alors ma dépression, que j'enfermais en moi, a éclaté au grand jour. Et depuis, c'est l'enfer pour moi ! Je commence seulement à émerger et je me rends compte du mal que j'ai fait aux autres. Je ne sais pas comment faire pour tout rattraper. Je crois que c'est trop tard ! Les gens ne peuvent pas comprendre ! J'ai tout perdu. Il me reste Vincent et je dois me battre pour lui. Mais par moments, je n'en ai plus la force ! »

Après la mort de sa fille, Dolorès n'a subitement plus compris à quoi servait sa vie, elle s'est enfermée dans son malheur et elle a ressenti un grand vide. Sans cesse, et de façon obsessionnelle, elle revivait le passé. Son temps n'était plus scandé que par ses visites quotidiennes au cimetière. Elle s'était alors mise elle-même en attente de sa propre mort. Littéralement, elle tuait le temps.

Dolorès allait de plus en plus mal : « Je n'avais vraiment plus personne sauf Vincent, que je ne voyais même plus. Je ressassais sans arrêt, je restais des heures affalée dans un fauteuil, dans le noir, à pleurer, à regarder des photos de ma fille... J'étais une vraie loque, je ne voyais plus personne, ni ma famille, ni mes amis. Plus rien n'avait d'importance. J'essayais de tenir le coup pour Vincent et d'être présente pour lui quand il rentrait de l'école, mais j'y parvenais mal et il en souffrait sans rien dire. J'avais envie de mourir. Je passais tout mon temps à chercher Christine partout, je sentais son parfum, je lisais et relisais tous les petits mots qu'elle avait écrits, je fouillais toutes ses affaires. »

Connaissant Christine, il fallait s'attendre à ce qu'un jour le temps s'accélère, à ce qu'elle contraigne Dolorès à bouger ! Pour parvenir à ses fins, elle s'est servie de moi, du livre que je lui avais offert et de sa dédicace. Dolorès ne s'est pas méfiée. En ouvrant ce livre, elle était encore dans son deuil.

« Et au mois de mai 1995, je suis tombée sur un livre bizarre : *Lâche ta drogue... et tiens bon* ! Machinalement, je l'ai ouvert à la première page, et j'ai vu une dédicace. Je me suis alors confusément rappelé la conversation que j'avais eue avec ma fille le mercredi avant sa mort, quand elle m'a raconté votre rencontre, et j'ai alors ressenti une impulsion très forte, un élan qui me poussait à rechercher cette personne qui lui avait parlé dans les derniers jours de sa vie. Je voulais savoir si tu avais pressenti quelque chose, si tu avais pensé qu'elle avait envie de se suicider. Le lendemain, au saut du lit, je n'ai pas déjeuné, j'ai pris ton livre et je l'ai dévoré. Tu y précises que tu es conseillère d'orientation, et j'ai alors pensé que tu avais peut-être rencontré Christine au CIO. J'ai pris son carnet, et j'ai appelé le premier numéro qui me semblait correspondre. Tu connais la suite ! C'était vraiment un bon jour pour moi. Je me suis sentie beaucoup mieux après t'avoir parlé, j'ai senti un courant me traverser. Kiki avait raison ! Elle avait senti que tu pouvais être un lien entre elle et moi, et tu es devenue ce lien, impalpable, et pourtant très fort ! »

Dolorès ne faisait jamais les choses à moitié, et en cela, sa fille lui ressemblait ! Elle avait immédiatement décidé notre rencontre. Sa démarche envers moi fut le premier acte d'un retour à la vie. Elle a eu du mal à faire les premiers pas, mais elle est convalescente, et va chaque jour un peu mieux.

« C'est en écrivant, dit-elle, que je prends conscience que c'est moi qui menais cette vie ; ça me permet de faire le point et je me demande pourquoi tant de malheurs ! Qu'ai-je fait pour mériter cela ? Je n'ai pas vu passer toutes ces années car je vivais l'enfer, et j'espérais chaque jour que les choses allaient enfin s'arranger. Le temps m'a semblé très court mais c'est là toute une partie de ma vie. »

Et elle fait le bilan de la situation actuelle : « J'en suis là aujourd'hui, j'ai l'impression de sortir d'un cauchemar, mais je me réveille petit à petit en me rendant compte que j'ai tout perdu. C'est horrible ! »

À la fin de notre entretien, je lui avais donné à lire la page du jour de mon livre de méditations quotidiennes. Elle disait ceci :

19 mai : « Laisse hier derrière toi et ne perds plus de temps à t'attarder sur les fautes et les échecs qui peuvent avoir gâché la journée, c'est fini et passé. Cette journée est sans aucune tache. Elle est pure et splendide maintenant et il ne tient qu'à toi de la conserver ainsi. Il ne tient qu'à toi d'y pénétrer avec la foi et la confiance absolues que cela va être une journée merveilleuse.

« Tout va se mettre en place parfaitement, tout va se dérouler harmonieusement. Ce sera une joie et un délice de parler à toutes les personnes que tu rencontreras et pas une seule pensée ou idée négative ne pénétrera ta conscience. Dans la nouveauté du jour, tout est très, très bien. »

Dolorès a bien compris le message et elle a versé des larmes libératrices. Depuis, j'essaie de lui faire comprendre qu'il lui faut maintenant aller de l'avant et je tente de lui montrer les bienfaits de la pensée positive !

Je lui ai fait cadeau de ce livre. Elle en lit chaque jour une page. Elle apprend à vivre *ici et maintenant.*

Elle se rend bien compte qu'elle a changé, qu'elle a « tourné une page », comme elle dit, mais la réalité est vraiment très dure à accepter et à supporter. Elle doit aujourd'hui faire face à une vérité insoutenable dans la vie quotidienne et elle avoue tristement : « Je suis enfin seule face à Kiki et à la mort, et là, c'est très difficile. »

La psychothérapie qu'elle a commencée il y a six mois

avec le psychologue du groupe des Narcotiques anonymes l'aide beaucoup. « Après la mort de ma fille, dit-elle, j'en voulais à la terre entière. Tu comprends, pour tout le monde et depuis toujours, j'avais la réputation d'être forte. Quand j'étais enfant, j'arrivais toujours à échapper aux fessées parce que j'étais la plus maligne. Par la suite, j'ai toujours pris tout le monde sous mon aile, pensant être la seule à pouvoir régler les problèmes. Aujourd'hui, je ne ressens plus de haine envers qui que ce soit. Je m'efforce toujours de voir le côté positif des gens et des situations. Je suis contente car Vincent et moi sommes très soudés. Il va bien, et même si je suis encore malade, je crois que je le soutiens et que je l'aide. Il y a beaucoup d'amour entre nous. D'ailleurs, et même si je ne l'ai pas bien prouvé à Christine, il y a toujours eu beaucoup d'amour entre mes enfants et moi ! Hier, j'ai encore eu une crise, et je n'ai pas pu dormir. Je rêve beaucoup. J'espère en finir très vite avec mes angoisses pour pouvoir penser sereinement à ma fille et mettre mon énergie au service des autres ! »

Je fais parfois ce rêve étrange et pénétrant...

Paul Verlaine

Je fais souvent de jolis rêves cadeaux pleins de belles images symboles ou de messages. Dans l'un des derniers, Christine est venue me rendre visite.

Elle est arrivée toute joyeuse, comme le jour où j'avais fait sa connaissance au CIO. Elle riait et me dit :

« Alors, ça y est, maintenant tu connais ma mère. Elle est sympa Dolorès, non ? Je savais que vous vous entendriez bien. Tu as vu comme je suis maligne ! Je me suis servie de ton livre... »

Et son rire a jailli, cristallin comme une source claire.

Puis elle s'est un peu rembrunie. Elle m'a dit : « Elle est triste de ma mort, Dolorès, elle ne s'en remet pas, elle a même voulu en mourir. Dis-lui qu'elle doit vivre pour Vincent, et pour elle aussi, et qu'elle doit me laisser partir. Elle doit réapprendre à vivre, sans moi. Ce qui ne veut pas dire qu'elle va m'oublier. Elle continuera de penser à moi, bien sûr ! Mais elle doit maintenant me laisser m'en aller. Et en plus, elle doit *être heureuse* ! »

Elle m'a dit aussi qu'elle avait été surprise par sa propre mort, qu'elle s'était retrouvée de l'autre côté du miroir avec étonnement. Elle n'y croyait pas vraiment malgré la mise en scène.

Elle m'a confié qu'elle se trouvait idiote d'être partie ainsi alors qu'elle était *vraiment* sur la bonne voie et qu'elle avait encore beaucoup de choses à faire. Elle s'en voulait de ne pas avoir pu les mener à leur terme. Elle souhaitait également que je dise à sa mère et à son petit frère qu'elle les aimait très fort tous les deux et qu'elle ne le leur avait pas assez répété.

Elle m'a ensuite offert un cadeau. C'était un animal en peluche assez volumineux, un de ses jouets d'enfant. Je lui ai dit : « Je sais où je vais le placer, sur le lit de Ludovic, à côté de son gros chien en peluche. »

À mon tour, je lui ai offert quelque chose : c'était un objet dans du papier cadeau, un livre sans doute, d'après sa forme et sa taille.

Elle m'a remerciée et elle est partie en souriant et en me faisant un signe de la main.

« Ciao, Sophie ! » a-t-elle lancé en se retournant un peu vers moi. Puis elle a disparu.

À mon réveil, j'ai cherché Christine et je me suis demandé quel livre j'avais bien pu lui donner. Peut-être *L'Alchimiste*, de Paulo Coelho, que j'offre en ce moment à tous mes amis tant je le trouve beau ?

Mais non, ce n'était pas celui-là !

Maintenant je crois que j'ai trouvé : mon cadeau c'est ce livre-ci, celui que je suis en train d'écrire. Dans mon rêve, il est terminé. Aujourd'hui, je le remets dans son paquet cadeau et je le pose là. Il est à toi, tu peux venir le prendre, Kiki !

« Je voudrais que tu trouves pour moi un texte qui parle de la mort, me dit Dolorès, un poème qui me permettrait de parler à ma fille tendrement, avec des mots d'amour en somme, des mots qui m'aideraient à accepter enfin l'inacceptable ! »

J'ai longtemps cherché, et je crois avoir trouvé. Voici le poème que je lui ai posté ce matin :

Ne pleure pas si tu m'aimes

La mort n'est rien
Je suis seulement passée de l'autre côté.
Je suis moi. Tu es toi.
Ce que nous étions l'une pour l'autre, nous le sommes toujours.
Donne-moi le nom que tu m'as toujours donné.
Parle-moi comme tu l'as toujours fait.
N'emploie pas un nom différent
Ne prends pas un air solennel ou triste
Continue à rire de ce qui nous faisait rire ensemble...

Prie, souris, pense à moi, prie avec moi.
Que mon nom soit prononcé à la maison comme il l'a toujours été
Sans emphase d'aucune sorte, sans une trace d'ombre.
La vie signifie ce qu'elle a toujours signifié.
Elle est ce qu'elle a toujours été, le fil n'est pas coupé.
Pourquoi serais-je hors de ta pensée ?
Simplement parce que je suis hors de ta vue ?
Je ne suis pas loin, juste de l'autre côté du chemin...
Tu vois, tout est bien...
Tu retrouveras mon cœur, tu en retrouveras les tendresses épurées.
Essuie tes larmes et ne pleure pas si tu m'aimes.

d'après saint Augustin

« Merci, m'a écrit Dolorès. Grâce à ce texte, j'arrive maintenant à m'adresser de nouveau à Christine. Ne tremble pas trop pour moi, Sophie, car j'ai fait une promesse à ma fille ! Le 29 décembre dernier, Vincent était chez mon père, et je me trouvais donc toute seule à la maison. Comme tous les soirs, je me suis mise à parler à Christine devant sa photo. Je me sentais vraiment très mal, je n'en pouvais plus, et je ne trouvais plus le courage de vivre ! J'étais infiniment triste, j'avais envie de tout abandonner, plus rien ne m'empêchait de partir définitivement... Alors j'ai pris peur, et une grande force m'a poussée à m'adresser à elle. Je me suis un peu calmée. Et voici ce que je lui ai dit :

« Kiki, ne crains rien, je vais te faire une promesse et tout mettre en œuvre pour essayer de la tenir. Pour Vincent, je lutterai contre mes instincts suicidaires. Je ferai tout ce que je peux pour l'amener à l'âge d'homme dans les meilleures conditions possibles. Chaque fois que mes pulsions de mort seront trop fortes, je repenserai à cette promesse. Je ne sais pas si je trouverai assez de courage pour tenir, mais pour toi, je vais essayer. Sois en paix, ma puce, tu me connais ; tu sais que je n'ai qu'une parole, que je ne mens jamais !

« Voilà ce que j'ai dit à Christine ce soir-là, et elle était contente, je crois ! »

Je pense que si Dolorès est en chemin, elle n'en voit pas le bout, et qu'elle passera souvent par des moments très difficiles. Il ne faudra surtout pas l'abandonner. Déjà elle s'excuse : « Je ne veux pas toujours te déranger avec les mêmes problèmes. Je dois les résoudre seule ! Tu as beaucoup d'occupations et d'autres choses à faire. Tu m'as beaucoup apporté au cours de ces trois derniers mois et je ne veux plus me plaindre auprès de toi ! »

Si tu penses que je vais te laisser tomber, Dolorès, tu te trompes ! Et je me charge de te rappeler, de temps à autre, que tu es importante pour moi maintenant !

Pendant plusieurs mois, j'ai vécu dans l'univers de Christine et j'ai partagé l'intimité de son quotidien : avec elle j'ai voulu renaître, j'ai espéré au-delà de tout, j'ai cru en la vie, puis je suis retombée plus bas, encore plus bas, j'ai eu envie d'abandonner. C'était trop difficile, j'en avais assez de lutter, je me suis sentie nulle, démunie et sans forces. Et j'ai fait face à nouveau, j'ai voulu essayer encore et encore, j'ai fait semblant d'y croire, j'ai eu du courage, je me suis enthousiasmée, et puis j'ai connu le découragement et la désespérance !... Et un jour, enfin, je me suis sentie sûre de ma victoire, j'ai retrouvé les petits bonheurs, j'ai rêvé en regardant la mer, j'ai pleuré d'émotion devant un somptueux coucher de soleil embrasant l'horizon, j'ai été heureuse de me sentir vivante, de palper le vent, de recueillir à genoux le parfum d'une fleur et d'être émue par le rire des enfants. Cent fois, j'ai remercié la vie ! J'ai parcouru les mêmes chemins que Christine, je suis allée sur les lieux mêmes où elle s'est promenée, je l'ai imaginée et j'ai vécu ses propres émotions. Plusieurs fois, j'ai cru la voir marcher devant moi !

Et puis, au mois de juillet 1995, la première partie de ce livre, celle qui concerne le journal de Christine, était écrite. Je souhaitais que Dolorès en prenne connaissance et réagisse à sa lecture. Nous en avions beaucoup parlé au téléphone et elle avait projeté de venir dans le Midi. Vincent devant partir en colonie de vacances, elle serait alors plus disponible. Or, plus l'échéance approchait, plus il semblait à Dolorès qu'elle devrait y renoncer. Elle avançait des considérations financières. Avait-elle peur, inconsciemment, d'être à nouveau confrontée aux événements douloureux d'un passé encore trop récent ?

Après en avoir rapidement discuté, Clément et moi lui avons proposé : « Si tu veux, tu peux venir à la maison ! »

Et elle est venue ! Nous l'avons accueillie et nous sommes restés deux jours avec elle : nous avons beaucoup parlé, nous l'avons emmenée fêter le 14 juillet avec nous sur la plage, où nous avons dîné et dansé. Avec elle nous sommes allés manger chez des amis. Dolorès semblait à l'aise et détendue, elle était souriante.

Dans la maison, elle se retirait parfois dans sa chambre pour se reposer ou bien pour lire ; elle avait parcouru mon manuscrit. Je lui avais proposé de le taper et elle avait accepté avec joie.

Clément et moi avions projeté depuis longtemps une semaine de vacances dans notre région natale, au Pays basque. J'ai donné à Dolorès notre numéro de téléphone à Bayonne, celui de quelques amis, et celui de Patrick, mon médecin. Je savais qu'il saurait l'écouter et l'aider si elle avait un problème. Nous sommes partis en lui confiant la maison, les deux chats, et en lui laissant le manuscrit à taper !

Je savais que ce serait très dur pour elle car elle serait de nouveau confrontée au passé. Pendant près de deux ans, Dolorès, pour se protéger, s'était construit une carapace, et voici qu'elle avait ouvert une brèche et que dans la fêlure la vague émotionnelle pouvait enfin déferler.

En revivant les événements douloureux de sa vie, elle a en effet beaucoup pleuré. Elle m'a téléphoné un jour qu'elle allait très mal ; et puis elle a vu Patrick, le médecin, elle a vu Françoise, mon amie, et elle s'est sentie plus forte, assez forte en tout cas pour rentrer chez elle et reprendre le cours de sa vie. Quand nous sommes revenus, le dimanche soir, nous n'avons trouvé que les chats dans la maison, miaulant de faim et de colère parce que nous les avions abandonnés. Mais Dolorès était venue, elle était repartie, et c'était bien ainsi !

Elle avait laissé sur la table un petit mot qui disait :

Chère Sophie et cher Clément,

Voilà, mon séjour dans votre maison si accueillante s'achève. Je viens de terminer la frappe du livre et je n'aurai pas le temps de le relire. Merci à vous deux qui m'avez permis de garder espoir en l'avenir. Je crois que je ne m'en serais pas sortie sans votre aide et votre générosité. Vous m'avez énormément réconfortée. Chaque fois que j'ai tendance à replonger dans le désespoir, je pense à vous et ça va mieux. Je me reprends, vous me permettez de tenir le coup dans les moments douloureux. Le cauchemar est toujours aussi pré-

sent, mais ces deux jours passés en votre compagnie m'ont permis d'entrevoir les choses d'une autre manière. Je vous embrasse tous les deux de tout mon cœur. J'espère qu'on se reverra bientôt.

Dolorès

Après son voyage dans le Midi, Dolorès a mis de l'ordre dans sa vie. Elle éprouve l'envie de se retrouver seule pour faire le point. Elle a revu Arnaud et l'a informé de sa décision de ne pas rester avec lui. Il n'a pas compris. N'a-t-il pas été présent quand Dolorès avait des problèmes avec Christine ? Ne l'a-t-il pas aidée, ne l'a-t-il pas soutenue quand elle avait besoin de lui ? Alors pourquoi Dolorès le rejette-t-elle ? Il y a sûrement un autre homme dans sa vie.

« Mais non, Arnaud, il n'y a personne. C'est difficile à expliquer. Je te remercie pour tout. Bien sûr que ta présence m'a été infiniment précieuse dans les moments difficiles, oui, je t'en suis très reconnaissante, je ne l'oublierai jamais, mais je t'estime trop pour te mentir. Je n'ai plus aucun désir, j'ai seulement besoin d'être seule avec mon chagrin, et je ne veux ennuyer personne avec mes problèmes ! »

Voilà ce que Dolorès aurait voulu faire comprendre à Arnaud, mais elle n'a pas trouvé les mots pour le dire, elle n'a su que répéter : « Il vaut mieux que nous ne nous revoyions pas ! »

Dolorès préfère être toute seule pour réapprendre à vivre. Mais elle n'en a pas fini avec ses pulsions de mort. Elle écrit : « En rentrant chez moi, j'ai eu peur, j'ai failli faire une grosse bêtise sur l'autoroute. » Heureusement pour elle et pour Vincent, elle n'est pas passée à l'acte !

Parfois, au détour d'une phrase, elle m'apprend que le passé ne l'a hélas, pas lâchée. « Le 9 août, me dit-elle, Vincent, ses cousines et moi allons fêter l'anniversaire de Christine ! »

Je sursaute : « Attention, dis-je, n'enferme pas Vincent dans hier ; il doit grandir, vivre aujourd'hui pour préparer sa vie d'adulte de demain. Je crois que fêter cet anniversaire n'est pas une bonne idée. Je sais que vous n'oubliez pas Christine ; vous pensez très souvent à elle, avec une tendresse mêlée de tristesse, bien sûr ! Parfois aussi vous évoquez un souvenir émouvant ou joyeux, vous souriez peut-être ! Vous pouvez à l'occasion lui dédier un poème ou une jolie chanson. Mais cet anniversaire, je ne le sens pas bien ! »

Finalement, après avoir beaucoup réfléchi, Dolorès a changé d'avis et n'a pas célébré, cette année, la date du 9 août. Je pense qu'elle a fait là un grand pas, pour elle et pour Vincent. Elle a choisi le parti de la vie ! « Je ne vais plus au cimetière tous les jours, me dit-elle, seulement une fois par semaine. »

Parfois, Dolorès se prend à rêver d'amour. Elle nous regarde vivre, Clément et moi, et se dit que peut-être un jour elle rencontrera un homme qu'elle pourra aimer et qui l'aimera et que la vie alors sera simple et belle ! Maintenant elle veut s'écouter et se respecter. Elle se pose moins de questions qu'autrefois, mais il va lui falloir accepter la vie de tous les jours. Comme Christine, elle a parfois du mal à vivre le quotidien. Et elle devient impatiente. Pleine de forces vives, Dolorès veut agir et tout de suite ; elle a un peu de mal à canaliser son énergie. Elle veut venir en aide aux jeunes qui, se rendant compte de leur dépendance par rapport à la drogue, cherchent en vain à s'en sortir (elle pense bien sûr à sa fille et aussi à Ludovic). « Je veux aller à leur rencontre, je veux, je veux... » dit-elle !

Dolorès avance, donc ; elle constate des changements importants dans sa façon de concevoir et de conduire sa vie, mais les choses sont beaucoup trop lentes à son gré ! En nous regardant vivre, Clément et moi, elle soupire : « Tout a l'air si simple pour eux ! Comment font-ils ? À côté d'eux, je suis une extraterrestre ! » Elle ne sait pas combien le chemin est long pour moi aussi, combien de fois je régresse et combien je m'en veux pour cela ! Ce n'est pas si facile qu'elle le croit, et tout est toujours à refaire !

Elle devine qu'elle aura encore des crises terribles de solitude et de désespoir. Elle dit : « Même si j'ai évolué, je constate que je reste encore trop souvent spectatrice, j'ai encore beaucoup de progrès à faire pour changer ma façon de voir les choses. »

Et elle ajoute : « C'est peut-être une question de temps, et je manque de recul ! »

Comme Christine, Dolorès est bien trop sévère et exigeante envers elle-même !

Je suis très fière car j'ai trouvé un nouveau, un très beau prénom pour Dolorès. Vois-tu, mon amie, il suffit au fond de peu de chose pour que tout change. Je vais te faire un cadeau aux dépens de ta fille et avec sa complicité : je gomme l'initiale de ton prénom, le *D*, et je le remplace par le *C* que j'emprunte à Christine. Alors, en espagnol, cela ne donne plus Dolorès mais Colores. Et en français c'est la même chose ! Les DOULEURS s'éloignent pour laisser la place aux COULEURS. Je t'en offre toute une palette. À toi de donner aux jours de ta vie toutes les teintes de ton courage et de ta joie retrouvés ! Tu as déjà fait des progrès, car tu es passée du noir au gris, et tu commences timidement à oser quelques tons pastel. Je rêve du jour où tu pourras rayonner de couleurs merveilleuses. J'ai confiance, tout se met en place !

ÉPILOGUE

Aujourd'hui, Sophie, Dolorès,
Maguy, Marie, Betty,
Katy, Nadia, Janine...
... et les autres

Votre enfer est pourtant le mien
Nous vivons sous le même règne
Et lorsque vous saignez je saigne
Et je meurs dans vos mêmes liens
Quelle heure est-il quel temps fait-il
J'aurais tant aimé cependant
Gagner pour vous pour moi perdant
Avoir été peut-être utile
C'est un rêve modeste et fou
Il aurait mieux valu le taire
Vous me mettrez avec en terre
Comme une étoile au fond d'un trou

Louis Aragon

Comme je te comprends bien, Dolorès ! Lorsque j'évoque ton sentiment de culpabilité, je suis renvoyée à ma propre histoire, je me rappelle le temps où je me réveillais en sueur toutes les nuits, où mon cerveau malade me répétait sans arrêt : « Ton fils est un toxicomane, et tu es en partie responsable de cela. » Je revivais en pensée les événements marquants de ma vie, essayant inlassablement de retrouver la première faute, l'erreur initiale qui m'apporterait l'explication de l'inexplicable, de l'inconcevable et de l'inacceptable pour moi : la toxicomanie de mon fils Ludovic.

Au mois de juin 1993, j'ai participé à une émission de télévision intitulée *Le Danger de la drogue chez les jeunes*. Parmi les noms des invités célèbres figurait celui de Philippe Léotard. J'étais heureuse de le rencontrer car j'aime beaucoup l'acteur et aussi le chanteur, que je trouve intelligent et sensible.

Au cours de l'émission, il se fit applaudir par un groupe de jeunes en lançant un tonitruant : « Moi, je n'enverrais sûrement pas les toxicomanes en taule ! Ce sont leurs parents qu'il faut emprisonner ! »

Dans ma tête je grondais : « Sombre imbécile, mais après ce que tu viens de confier de tes antécédents de cocaïnomane, c'est ta propre mère que tu expédies en prison ! Et comme nous habitons la même ville, elle et moi, avec un peu de chance nos cellules seront voisines, et nous pourrons ensemble parler un peu de nos enfants, elle de toi, et moi de mon fils Ludovic ! »

Eh oui, j'ai pensé « Sombre imbécile ! » à ma grande honte mais, par respect de la stricte vérité et pour le plaisir de le répéter trois fois, oui, je l'avoue, oui, j'ai pensé : « Sombre imbécile ! On n'a pas le droit d'être aussi provocateur et d'utiliser aussi mal son talent quand on a la chance d'avoir une telle aura et une telle audience auprès d'un public de jeunes. C'est trop facile de se faire applaudir sur des propos aussi démagogiques ! »

Je pensais aussi : « Je sais que vous avez des enfants, monsieur Léotard, mais je vous souhaite de ne jamais connaître à travers eux les souffrances que nous avons rencontrées quand les nôtres sont tombés dans le piège de la drogue. »

Je pensais tout cela, mais je rongeais mon frein en silence car je n'avais pas encore la parole.

Quand enfin l'animateur me demanda d'intervenir, mon indignation et ma colère étaient un peu retombées, et je répondis le plus calmement que je pus :

« En préambule, je voudrais vous remercier de votre présence ce soir, monsieur le commissaire (je m'adressais au chef de la brigade des stupéfiants de la préfecture de Paris, qui faisait aussi partie des invités). Puisque M. Léotard envoie les parents de toxicomanes en prison, cela me permettra d'éviter des démarches inutiles : je viendrai me constituer prisonnière à la fin de l'émission. »

« Ça ne sert à rien de culpabiliser les parents, dit un peu plus tard un député du Nord, qui, lui, affronte réellement le problème de la drogue dans son département. Tout le monde n'a pas la carrure de la dame que nous avons entendue tout à l'heure ! »

Si j'ai vraiment cette « carrure », je l'ai acquise de haute lutte, après avoir franchi beaucoup d'obstacles, après être souvent tombée et après m'être relevée. Et ce n'est toujours pas fini ! Mais de quel droit jugez-vous, monsieur Léotard ? Qui vous permet de nous donner des leçons ? Vous avez eu le courage de nous parler de votre propre vie. Bien ! Vos enfants ne se droguent pas, c'est tant mieux, et j'en suis heureuse pour vous ! Réjouissez-vous-en et remerciez la vie ! Moi, voyez-vous, j'ai fait ce que j'ai pu. J'ai essayé d'être présente pour mes enfants, j'ai tenté d'être une bonne mère. Et mon fils est quand même toxicomane ! En aucune manière je ne vous autorise à me faire la morale. La drogue est un problème de société, et les familles qui ne sont pas touchées par ce fléau ont beaucoup de chance. Et on ignore ce que sera demain ! Alors surtout ne jugeons pas, et unissons nos efforts !

Non, ça ne sert à rien de culpabiliser les parents : eux non plus, ils n'ont pas choisi ! Quand je les rencontre, ces parents, dans un premier temps ils expriment de la honte et de la culpabilité, un peu plus tard je les retrouve humbles, tellement humbles ! Non, non, monsieur Léotard, il n'existe pas d'équivalence logique :

Jeune toxicomane = Mauvais parents

C'est sans doute dommage : le problème aurait alors une solution simple. Mais l'équation est beaucoup plus complexe et nous sommes tous concernés. TOUS. Dolorès et moi, certes, mais vous tous aussi ! De quelque côté que l'on regarde, la drogue ne fait que des victimes dans les familles. J'ai moi-même été tellement enfermée dans les problèmes de Ludovic que j'en ai oublié mes devoirs les plus élémentaires envers ceux que j'aime le plus, mon mari et mes enfants. J'ai éloigné mes amis, et j'ai même parfois désiré ne plus vivre pour n'avoir plus à lutter ni à essayer de comprendre ce que ma raison ne pouvait même pas entrevoir. Autour de Dolorès, c'est une véritable hécatombe, et seule la présence à ses côtés de Vincent, son fils, la soutient encore et l'aide à supporter une vie qui parfois lui semble ne plus avoir de sens.

Dès la parution de mon livre *Lâche ta drogue... et tiens bon !* on m'a souvent demandé de témoigner, et, bien que cela me soit très douloureux, je l'ai toujours fait, oralement ou par écrit. Chaque fois que je rencontre directement un public, un doigt se lève et un interlocuteur ému, souvent un adolescent, me pose la question : « Sophie, pensez-vous que votre éducation avec Ludovic était trop sévère ? Ou trop laxiste peut-être ? Expliquez-nous ! »

Je perçois, derrière la question, les mécanismes de défense, le désir de se protéger, de quelqu'un qui entend un récit difficile à accepter, trop déstabilisant pour lui. Il cherche des explications rationnelles pour se prouver que cela ne peut pas lui arriver à lui. Pendant des années, j'ai moi-même pratiqué cette politique de l'autruche. Mais maintenant c'est bien fini, et je réponds :

« Non, je suis désolée, je ne peux pas te rassurer. Ni trop laxiste, je crois, ni trop sévère. J'ai fait des erreurs sans doute, car on n'apprend pas dans les écoles comment être un bon parent. J'ai donc fait des erreurs. Mais pas plus que ta mère ou ton père. Et ça nous est quand même arrivé *à nous* ! Comme ça peut arriver *chez vous* ! »

Je témoigne, et je revendique aussi. Je me reconnais complètement dans ce que me dit Marie, elle aussi maman d'un fils toxicomane :

« Je ne sais pas, Sophie, si tu as vécu et ressenti la même chose que moi. Quand nous invitons des amis ou bien quand nous sommes invités, je suis souvent blessée de constater que les gens évitent soigneusement le sujet "drogue" devant nous (ou posent rapidement une question sur notre fils en aparté), comme si nous portions une tare honteuse... ou comme si c'était contagieux... Nous leur faisons peut-être un peu peur, pour leurs propres enfants, en leur rappelant que personne n'est à l'abri. Un peu comme les amis mariés ont peur que l'on "contamine" leur femme lorsqu'on est divorcée... Il y a les soucis "avouables" en société : la maladie, la mort des parents ; et il y a les sujets "indécents" qui mettent tout le monde mal à l'aise. Je suppose que tu as dû aussi ressentir cela. Le silence dont on entoure notre souffrance me donne parfois l'impression que l'on *tue* déjà mon fils en le niant. J'aimerais tant que l'on considère cela comme un "gros souci" normal — parmi d'autres — et qu'on m'en parle... La chape de plomb du silence amplifie la souffrance.

« En même temps, ce n'est pas si simple, je ne veux ni de la pitié des gens, ni de leur admiration : je pourrais être, en plus, seule, pauvre et malade. Il y a donc plus malheureux que moi sur la terre, à commencer par MON, par NOS fils. »

Comme Marie, je revendique le droit à la parole, je ne veux pas être la pestiférée du XXe siècle. Et je souhaite être le porte-parole de tous les parents auxquels la drogue a volé leur enfant. Je veux hurler au scandale de l'indifférence générale, celle de mes voisins, mais aussi et surtout celle des pouvoirs publics. C'est nous, c'est notre société qui a engendré cette génération d'enfants qui la vomissent et ne souhaitent pas s'y intégrer. De quel message ces enfants sont-ils porteurs — enfants perdus, enfants paumés, révoltés, fugueurs ou toxicomanes ? Ils nous dérangent, ces mutants, car ils remettent en question notre monde et nos valeurs. Mais peut-être ont-ils eux aussi quelque chose d'important à nous dire...

Dans son livre *Les Mémoires de l'oubli*, Jacques Salomé lance une idée : « Nous sommes toujours étonnés de découvrir avec quelle perspicacité, quelle sensibilité, les enfants "entendent" les manques des parents. Ils débusquent dans les silences, dans les non-dit, dans les langages du corps, les secrets, les dettes, les censures dont certains parents sont habités, et ils vont "se charger" de réparer ce qui a été endommagé, tenter d'arranger ce qui a été déformé, de réaliser l'irréalisable... Une de nos hypothèses sur les jeunes drogués rejoint cette dynamique, comme si l'adolescent disait à son père, à sa mère : “Tu n'as pas su te laisser aller, tu n'as pas su te libérer des interdits, alors moi je dois le faire pour toi, malgré toi, quoi que tu fasses...” »

Moi qui ai si longtemps vécu par procuration, irréprochable en surface, bonne mère apparemment, bonne épouse, bon professeur, puis plus tard bonne conseillère d'orientation, mais trop souvent spectatrice de ma propre vie, j'ai essayé de comprendre ce que pouvait me dire la révolte de mon fils. Et je tente, sur le chemin de ma vie désormais, d'être authentique, de lâcher prise, de m'accepter et d'aimer les autres, et surtout de ne jamais juger ! J'essaie, et j'y parviens parfois. Toi aussi Dolorès, tu es en chemin.

À notre société tout entière ces enfants perdus crient : « Ne cherchez pas à me couler dans votre moule. Je vous demande d'accepter ma différence. Je ne veux surtout pas devenir comme vous ! »

Et derrière ce discours terrible, il nous faut entendre la souffrance et la traduire autrement : « Nous en avons ASSEZ du règne de l'argent, nous en avons ASSEZ de l'égoïsme. Aimez-vous vous-mêmes et aimez les autres. On ne voit bien qu'avec le cœur, comme disait le Renard du Petit Prince. Et entendez notre détresse, mais surtout aimez-nous, et aidez-nous à redonner du sens à notre vie ! »

Après avoir lu mon livre *Lâche ta drogue...*, beaucoup de gens m'ont écrit pour me demander :

« Et la suite, Sophie ? Les personnages sont attachants, c'est frustrant de ne pas savoir comment vous vivez tous aujourd'hui. Qu'êtes-vous devenus, Clément et toi ? Et Guillaume ? Et Séverine ? Ludovic s'est-il sorti de la drogue ? »

Je réponds à ces questions.

Je dis le choix de Séverine, qui apprend le difficile métier de maman. Elle ne veut pas entendre parler de Ludovic pour le moment. Elle a trop souffert, elle lui en veut d'avoir gâché une partie de leur enfance commune, de ne pas avoir été là au moment de la maladie de sa mère, alors qu'elle avait besoin de lui. Elle se protège !

Je dis le dévouement de Guillaume envers son frère, avec lequel il a réussi à toujours garder le contact. Il joue auprès de lui un rôle de soutien et de conseil, remplaçant un peu leur père, qui les a maintenant quittés. C'est par un jour gris de l'automne 1992 que nous l'avons accompagné dans le petit cimetière où l'attendait déjà sa mère, et il repose aujourd'hui dans cette terre de Meuse qu'il aimait tant !

Je dis les efforts de Ludovic pour sortir de son enfer. Il est actuellement dans un programme méthadone. Je raconte que, pour la première fois depuis dix ans, nous avons accepté de passer le jour de Noël 1995 avec lui. Et puis je parle de ma grosse déception lorsque, un peu plus tard et sans raison apparente, il a tout à coup envisagé de mettre fin à son traitement. Il est aujourd'hui à nouveau dans une période difficile, et son équilibre est plus que fragile... Mais j'espère encore et toujours. C'est ce qui est terrible avec un toxicomane : rien n'est jamais acquis, tout est toujours à refaire. À l'euphorie peut succéder le désespoir le plus noir, des périodes d'espérance folle alternent avec des périodes de chaos où plus rien n'a de sens. Il faut être solide pour résister à cette douche écossaise permanente !

Je parle de notre vie merveilleuse ici, dans le Midi, de mon nouveau regard sur les êtres qui m'entourent, et sur mon métier aussi. Car aujourd'hui mon amour pour les autres a changé de visage. Il est devenu moins pesant, plus tolérant, et mes migraines ont bien diminué en nombre et en intensité. Si je m'investis tout autant dans mes relations familiales et amicales, elles sont beaucoup plus joyeuses et plus légères. Certes, autrefois j'aimais mes amis et mes enfants ; mais d'un amour muraille, d'un amour béton, si lourd à porter et à supporter. Quand est venu le temps des rudes épreuves qui ont accompagné l'entrée de Ludovic dans la drogue, j'ai maudit la vie qui m'imposait cette souffrance, sans me douter que c'est elle qui allait déterminer ma marche en avant et me permettre d'évoluer ! Quand j'ai enfin pu sortir de mon énorme dépression, je me suis sentie changée et beaucoup plus forte. J'étais passée par beaucoup de renoncements, mais j'avais enfin retrouvé le goût de vivre et la faculté de m'émerveiller !

J'ai donc réussi moi aussi à tourner vers les autres un regard différent, et cela a révolutionné mes relations à autrui. Par exemple, un jour que Ludovic m'avait téléphoné, il a ensuite appelé Guillaume, son frère, et lui a dit : « Je suis content, je viens d'avoir maman au téléphone et elle m'a parlé de moi. »

Ce qui signifiait que d'habitude je ne parlais pas *de* lui, mais *sur* lui, comme le dit Jacques Salomé !

Autrefois, je lui demandais où il en était par rapport à la drogue, ce qu'il faisait pour s'en sortir ; bref, je faisais un bon travail de comptable, et le jugement de valeur et les reproches étaient à peine voilés. Je culpabilisais encore un peu plus Ludovic, qui n'avait vraiment pas besoin de ça ! J'ai enfin compris, et tout va mieux pour tout le monde.

J'ai rencontré très récemment un groupe d'adolescents, et l'un d'eux m'a demandé : « Que pensez-vous de ces casquettes que l'on trouve actuellement dans le commerce et sur lesquelles sont brodées des feuilles de cannabis ? »

Dans ma tête, une voix a murmuré : « Manipulation, intoxication, banalisation ! DANGER ! »

Et j'ai répondu : « Tu as raison d'être vigilant car de telles pratiques sont destinées à te faire croire qu'il est normal de fumer un joint ! Peut-être connais-tu la traduction française du mot anglais *shit* ? Les Anglais ne s'y sont pas trompés, ça veut dire "*merde*" ! Fumer du shit, ce n'est pas la même chose que fumer une cigarette, quoi qu'on essaie de te faire croire ! »

Au cours de la même rencontre, un autre m'a dit : « On voit parfois dans le journal que le père ou la mère d'un toxicomane a tué son enfant. Qu'en pensez-vous ? »

J'ai répondu : « Tu sais, moi, j'ai eu beaucoup de chance. Si tu lis mon livre, tu verras que j'évoque une scène au cours de laquelle mon fils m'a mis un couteau entre les mains en me criant : "Vas-y, tue-moi, puisque tu en as envie ! "

Ma colère est tombée d'un coup et j'ai reposé le couteau. Mais si, dans l'escalade de la violence, j'avais fait de la surenchère, j'aurais très bien pu me trouver à la place de ce père ou de cette mère au banc des accusés, devant un tribunal d'assises. Je plains beaucoup ces parents qui ont à la fois à porter le deuil de leur enfant et à vivre l'horreur de l'avoir tué eux-mêmes.

Car la drogue est impitoyable, non seulement elle tue souvent ses victimes, mais elle est en outre capable de transformer en assassins des parents qui continuent à aimer leurs enfants toxicomanes mais qui n'en peuvent plus de la vie qu'ils les obligent à mener.

Au cœur de la tourmente, quand la violence atteint des paroxysmes — on m'a raconté des scènes horribles : par exemple, un père a eu un œil crevé et une maman trois côtes brisées dans un affrontement physique avec l'enfant drogué —, nous, les parents, avons été quelquefois en proie à des pensées folles, honteuses et inavouables. Nous nous sommes dit que si l'enfant mourait ce serait une épreuve terrible, bien sûr, mais que c'en serait à jamais fini de toute cette souffrance, et que ce cirque s'arrêterait enfin. Évidemment nous nous sommes immédiatement reproché ces pensées atroces ! la drogue est quelque chose de vraiment terrible ! »

Et demain,
le combat continue
... avec Christine !

Je parle, je parle...

J'ai, de temps en temps, l'immense joie de découvrir que cette parole porte et touche. Parfois, c'est dans ma boîte aux lettres qu'arrivent les mots qui me donnent du courage. Voici ce que m'écrit cette année Marie, que je n'ai jamais vue :

« Votre livre est désormais, hélas, mon livre de chevet, et sans cesse, depuis près de trois ans, j'y reviens pour relire un passage ou un autre, pour chercher aussi un peu de réconfort. Votre parcours douloureux de mère (toutes les étapes que vous avez traversées) ressemble tellement au mien ! Comme vous avez su tout exprimer et tout "ressentir" ! Comme tout cela colle à la réalité vécue par les parents et l'entourage d'un jeune drogué, enfant fragile et paumé dans la société que nous, les adultes, lui avons construite ! »

Et ma correspondante termine sa lettre par ces mots : « Vous n'êtes pas obligée de me répondre ! Merci de m'avoir lue. Merci d'avoir écrit votre livre. Merci d'exister. »

Tant que mon facteur déposera dans ma boîte des messages comme ceux-là, je parlerai. Je témoignerai. Je dirai de quoi est capable la came, mon ennemie. Je le dirai et je le répéterai, sans relâche, et j'irai jusqu'au bout de mes forces s'il le faut : « La drogue dealer, la drogue, dis-leur ! »

Je parlerai aux parents de toxicomanes. Je leur répéterai que mon chemin a été le leur, qu'il est difficile et périlleux, et je les accompagnerai quand ils me le demanderont, je les accompagnerai avec humilité et tendresse. Aujourd'hui, c'est avec Marie que je parle, car son fils vient d'être incarcéré pour la première fois. Je lui dis : « Pars en vacances, Marie, puisque tu ne peux pas encore aller le voir, repose-toi, skie, n'aie aucune crainte, tu ne risques pas d'oublier ! »

Marie est partie pendant huit jours, mais elle m'écrit : « Tu avais raison, je ne pensais qu'à ça ! »

À son retour, elle s'est préparée à rendre visite à son fils dans sa prison. Elle avait relu les pages de mon livre où je raconte mon expérience, dans les mêmes circonstances. Elle écrit : « Je savais que tu pensais à moi, et ça m'a aidée, puisque tu avais vécu ça avant moi. Pour ne pas m'effondrer, je m'étais fixé des obligations juste après, et cela aussi m'a aidée. Quant à Jérôme, il n'a aucun remords, il dit qu'il n'est pas mal en prison, et mieux qu'en postcure, en tout cas ! Il continue à dire que tout est ma faute, notre faute, d'ailleurs l'assistante sociale le lui a dit ! Il pense qu'il s'en sort plutôt bien avec un mois d'incarcération pour tout ce qu'il a fait. Mais vois-tu, Sophie, ce n'est peut-être qu'un début. Merci d'avoir pensé à moi ! »

Quelques jours après, Marie trouvait des messagesfleuves sur son répondeur téléphonique : Jérôme lui apprenait qu'il était heureux car il venait de sortir de prison, et il terminait ses communications par une série de « Merci, merci ! » qui ont fait chaud au cœur de sa mère. Il ajoutait : « J'ai compris que je dois me faire soigner, je sens que je ne vais pas bien dans ma tête. J'en ai vraiment marre de la vie que je mène, je veux arrêter toutes mes bêtises ! »

Ce discours peut paraître incohérent après les déclarations de Jérôme au fond de sa cellule ! Mais un toxicomane n'est pas à une contradiction près car, étant prisonnier de l'instant, il est sincère dans les deux cas. Si ce comportement semble aberrant à un observateur non initié, il est extrêmement déstabilisant pour l'entourage du jeune !

Profite de ce moment de bonheur, Marie, mais ne te projette pas trop dans l'avenir. Courage, Marie ! À nous, les parents de toxicomanes, l'expérience a appris la sagesse, c'est-à-dire à vivre ICI ET MAINTENANT. L'instant est parfois tellement préoccupant, tellement dramatique, qu'il ne laisse la place à rien d'autre. Alors, dans les périodes de répit, nous préférons ne pas trop nous poser de questions, ne pas nous projeter dans un futur qui nous semble incertain ou parfois même dangereux, et nous tentons de profiter d'un moment un peu plus serein.

J'irai donc désormais au combat accompagnée de toutes mes amies et sœurs de souffrance, nous nous comprenons si bien ! Elles s'appellent Dolorès, Maguy, Marie, Katy, Jany, Nadia, Betty... Elles sont la mère, la sœur ou la compagne d'un toxicomane, et la drogue est devenue leur ennemie. Un jour, à cause de la came, leur vie a basculé dans l'irrationnel et dans le drame. Elles se sont trouvées confrontées de plein fouet à des événements auxquels la vie ne les avait pas préparées — aux accusations et aux mensonges, à la violence et à la prison. Elles côtoient la maladie, et l'idée de la mort est constamment présente en elles. Je les admire, ces femmes, car bien souvent elles se montrent remarquables, héroïques parfois. Elles ont décidé de se battre pour que cela n'arrive pas à d'autres. Et leurs voix se mêlent à la mienne.

Puisqu'ils me le disent, je sais donc que je peux aider les parents de toxicomanes, mais mon désir est aussi de pouvoir dialoguer avec les adolescents. Parfois, j'ai une bonne surprise ! Voici ce que m'a écrit un petit Sébastien, élève de troisième. J'étais intervenue dans sa classe à la demande du professeur de français, qui travaillait sur le thème de la dépendance aux médicaments, à l'alcool, au tabac, et ce jour-là, à la drogue :

« Lundi vous êtes venue dans notre classe, et samedi, j'étais avec un groupe de copains. L'un d'eux m'a proposé un joint en me disant : "Essaie, tu vas voir, c'est très agréable, tu vas vivre des sensations que tu ne connais pas." Alors, j'ai senti votre présence derrière moi et je vous ai entendue me dire : "Touche pas à ça ! " Et je peux vous assurer, madame, que je n'y toucherai jamais ! »

Cet enfant a-t-il beaucoup d'imagination ? Peut-être, et tant mieux ! N'est-ce là qu'une bien modeste victoire ? Peut-être encore, mais pour moi elle est merveilleuse, même si la guerre continue. Je suis bien décidée à mener le combat à ma façon, encore et toujours !

Mais Sébastien est une exception. En dépit de mes efforts, j'ai parfois l'impression de ne pas atteindre véritablement mes jeunes auditeurs. Ils m'écoutent avec beaucoup de compassion, beaucoup d'attention, souvent ils manifestent de l'émotion, ils me posent des questions intéressantes, ils me plaignent et ne comprennent pas pourquoi ce drame a pu nous arriver... Ils m'aiment bien, ils me font l'amitié de m'écouter. Ils se disent que je n'ai pas eu de chance, mais je pense qu'ils ne se sentent pas vraiment concernés. Ils croient qu'eux ne connaîtront jamais ce problème ! Si je ne parviens pas à les atteindre véritablement, c'est que je suis une adulte, et que je ne parle pas leur langage.

Mais désormais, quand je m'adresserai à eux, Christine sera à mes côtés. Comme une étoile brillante et fugace, tu as traversé ma vie, Christine, et si je t'ai aidée un jour, c'est ton tour maintenant, grâce à ton journal. Je t'y vois si sincère, si lucide, tellement humaine, si avide de vérité ! Jamais tu ne t'y montres négative, jamais critique envers autrui ! Si forte, mais si fragile aussi ! J'ai vraiment besoin de toi ! Car tu dois être auprès de moi dans ma lutte, à deux nous serons plus fortes ! Tu étais une jeune fille bien de ton temps, tu aimais rire, t'amuser, danser, aimer. Tu ressembles à mes élèves. Tu étais belle et pleine de vie, comme eux. Tu es entrée dans la drogue bêtement, elle t'a conduite à des comportements que tu as regrettés par la suite, et tu as tenté avec courage de t'en sortir. En cela, ton journal est exemplaire ! Mais quand tu t'es crue sauvée et plus forte qu'elle, la came t'a tuée. En cela aussi tu peux aider les jeunes. Écoutez, mes enfants, écoutez ce que vous dit Christine :

« Jamais la drogue ne te lâchera, elle te poursuivra jusqu'au bout ; elle te livrera une guerre sans merci, la drogue, et au-delà des apparences c'est de folie et de mort qu'elle te parle, de rien d'autre. Alors, si tu la rencontres un jour, il vaut mieux passer ton chemin et regarder dans une autre direction, il vaut mieux ne pas y toucher ! Faut me croire, je le sais, j'en suis morte, et pourtant, si tu savais comme j'ai aimé la vie ! »

Je crois, Christine, que ta voix sera entendue. Peut-être même, un jour de grand désespoir et au plus profond de sa misère, parviendras-tu à toucher un jeune toxicomane, et pourras-tu lui apporter un peu d'espoir. Peut-être l'aideras-tu ainsi à reprendre pied dans la vie de tous les jours.

Je te demande de m'accompagner. Je suis sûre qu'à nous deux nous allons faire du bon travail. Alors, tu vois que ce n'est pas le moment de me laisser tomber ! Aujourd'hui, c'est moi qui ai besoin de toi !

J'ai voulu que ce livre soit fini pour te le donner le jour de ton anniversaire, car ce récit est le tien. Le 9 août 1996, tu aurais fêté tes vingt-quatre ans.

Le livre est prêt, et je suis heureuse de pouvoir te l'offrir aujourd'hui.

BON ANNIVERSAIRE, KIKI !

Table des matières

Extraits des poèmes de Louis Aragon
J'entends, j'entends : pp. 23, 35, 127 et 195.
Il n'y a pas d'amour heureux : p. 157.

Achevé d'imprimer
en octobre 1997
par Printer Industria
Gráfica, S.A.
08620 Sant Vicenç dels Horts 1997
Depósito Legal: B. 37558-1997
pour le compte de
France Loisirs
123, boulevard de Grenelle,
Paris

Cet ouvrage a été imprimé
sur du papier sans bois et sans acide

Numéro d'éditeur : 27259
Dépôt légal : novembre 1997
Imprimé en Espagne